為什麼愛說謊

布萊恩・金恩（Brian King）著
賴震宇 譯

The Lying Ape

晨星出版

◆前言

本書字字屬實。也許我可能偶爾會把當中一些字彙放在不實的句子上，但我希望這不會發生。

◆致謝

爲了完全顯現我的誠實，同時避免自攬功勞，我必須承認，如果沒有一些人的慷慨相助，是絕對完成不了這本書的。

在這裡我特別感謝我的好朋友馬丁·普林默和麥可·馬根尼斯在謊言方面給了我相當有助益的指導，也感謝他們所給我的鼓勵和意見；我也要謝謝我最出色的編輯鄧肯·海斯給我睿智的忠告，同時也讓我的文字免於陷入濫情浮誇的地步；我還要感謝我的妻子，狄，感謝她始終如一的支持，以及一針見血地糾正我「有意」犯下的錯誤。

最後我還要感謝下列人士所致予我的珍貴貢獻：ＢＢＣ廣播員約翰・漢弗萊斯、魔術師戴倫・布朗、律師保羅・德魯和麥可・伊夫、從事公關工作的馬克・波爾柯斯基（為事實加上創造）、精神病理學家史恩・史賓斯博士、社會心理學家馬丁・史金納博士、心理學家達萊爾斯・賈拉辛斯基、心理學家保羅・艾克曼和保羅・西格、理賠管理公司調查員約翰・費里曼、警察學院講師史帝夫・薩維爾以及廣播員戴倫・溫特（對於汽車業務員的語言提供精闢的指導）。

我想我還要感謝那些天生或無可救藥的騙子，沒有他們，本書就沒有存在的必要了。

為什麼愛說謊
The Lying Ape

Chapter 1

問題？什麼問題啊？

◆ 我們不必學會說謊，說謊是天生的本能。

問題？什麼問題啊？

每個人每天、每小時、清醒的時候、沉睡的時候、作夢的時候、高興的時候或悲傷的時候，無時無刻不在説謊；即使能夠三緘其口，我們的雙手、雙腳、雙眼和舉止仍禁不住那愛騙人的本色。

——馬克・吐溫

本書將公諸這最令人摸不透的「語言障礙」。

這裡所說的「語言障礙」並非不同語系，或不同年齡層的人之間的隔閡。這裡所強調的語言障礙要比上述致命得多；指的是我們在脫口而出和實際所想的當中，也就是在自己的謊言及童叟無欺的實話之間所設下的障礙。

我們被謊言和欺騙苦苦糾纏著一輩子。大家一定曾聽過這些話：我們的要求很重要、我們的客訴將迅速獲得處理、二手車能得到定期維修、我們的退休金可以得到安全的保障、「保妥適」能夠完全消除「時間所留下的痕跡」、我們手上的小包薯條其實是中包薯條、大規模毀滅性武器在四十五分鐘內就可以發射到我們這邊來……

本書將讓這些滿嘴胡言的騙子摔一跤，並將他們臉上的假面具給扒下來。

＊　＊　＊

謊言可說是五花八門，各種顏色都有。黑色的謊言代表的是冷酷無情、貪婪無度、具毀滅性的，其目的是爲了騙光我們的錢、剝奪我們的權利甚至我們的生命；白色的謊言（善意的謊言）則迥然不同，它的破壞性要小很多，儘管不完全無害；緊接著是黃色的謊言，這全是因爲懦弱的心態而掰出的謊言。

此外，當我們大肆吹噓，那便是說了紫色的謊言。藍色的謊言是條子在說的；滿嘴想要保護環境的政府官員或許是說了綠色的謊言。絕大多數偶然發生、投機產生、日常生活常撒的謊，就是灰色的謊言；這裡有個關於灰色謊言的例子：

一九七〇年代初期我常常旅行至都柏林，當時我兩袖清風的菜鳥記者薪水還可以應付熱愛旅行的程度。我愛到都柏林的原因有二：健力士啤酒和一位我在阿姆斯特丹沿街賣藝時認識的愛爾蘭護士。在一次造訪的過程中，我們將她的福斯古董金龜車開到威克洛山脈上去；最後我們用一條從引擎蓋繫到駕駛員身上的繩子，巧妙地取代這台老爺車破爛的油門拉桿；於是在險要的路途上我們不斷死命狂拉和猛推這台車朝前方邁進。

我們面無表情的向前行，接著就遇到一排建築物，所有的招牌都自豪地寫著：「愛爾蘭人咖啡店，愛爾蘭海拔最高的咖啡店！」、「麥金堤酒吧，愛爾蘭海拔最高的酒吧！」雖然這並沒什麼好奇怪的，但是當我們繼續朝山頂前進時，其他的店家陸續映入眼簾：「歐唐納咖啡店，愛爾蘭海拔最高的咖啡店！」、「歐沙納西，愛爾蘭海拔最高的酒吧！」我正努力的把這些名字一一的填補上來，這眞的是很久以前的事了。

下山的路上，我們暫時停在麥金堤酒吧買杯飲料，同時詢問店家，他們店的海拔高度明顯地比歐沙納西或蓋瑞酒吧等傲視山頂且更有資格冠上這個頭銜的店家低了好幾百英尺，他們爲何大聲說自己是愛爾蘭海拔最高的酒吧？他們認眞的向我們解釋，說這個招牌是專門爲攻頂的遊客所設計的。「這是爲了讓他們知道，我們是『目前爲止最高的酒吧』。」厚臉皮的老闆說道。

這確實不是最致命的詐欺手段，也不算最高明的謊言；或許，它就位在堆積如山的謊言某處。

「謊言如山」或許是錯誤的隱喻，成堆的謊言顯然很容易就可以被識破。事實上，我們生活在謊言所構築的叢林中心，謊言就在藤蔓間攞盪；半眞半假的瞎話就像毒蛇般，具威脅性地埋伏在樹叢裡，一不小心就會遭受它致命的一擊。

製造商、零售商和國營事業公司利用模糊焦點和推託之辭來規避消費者的怨言；保險公司用令人難以理解的廢話和合約上的附屬細則來否決我們的申請；我們常因誘人卻又非常容易讓人誤導的資訊而購買商品；騙子向我們保證可以輕鬆賺大錢，而使得我們步入陷阱；記者跟我們說貓王還活在世界上；政客向我們保證生活會變得更好、會幫我們減稅（或至少稅不會再增加），同時也不會「和來歷不明的女人開房間」。他們所說的一堆謊話裡，往往都看不到任何眞相。

不過我們也不應太早就對他人的謊言加以指責，在黑名單裡的嫌疑犯不只是他們，我們也是。本書將讓大家了解，我們所說的謊其實跟我們聽到的一樣多。

我們對自己的朋友、同事、丈夫和妻子撒謊；我們的爸媽會對我們撒謊，而我們反過來也對自己的兒女撒謊。我們對誠實的敬意根本微乎其微，它讓人感到厭煩，對我們一點好處也沒有，甚至全是壞處，最好能甩就甩。其實，我們不必學會說謊，說謊是天生的本能。

我們會爲了掩飾錯誤或誇大成就而說謊；爲了諂媚、阿諛和奉承而說謊；爲了不讓自己困窘而說謊；爲了在爭論中獲勝、贏得認同而說謊；爲了避免得到應有的懲罰而說謊；爲了騙女孩上床或隱瞞風流韻事而說謊；我們會爲了不要繳稅、中飽私囊或免於牢獄之災而說謊；爲了顯得仁慈或教人痛苦而說謊；我們說謊的時候通常不覺愧疚，但別人稱我們爲騙子時卻易被激怒。

所以我們不應該對二手車業務、房地產經紀、記者甚至於政客的騙人伎倆太過驚訝；他們只不過是運用了人類與生俱來的自然本能和天性罷了。

是的，經過本書的驗證我們獲得一個不太討喜的眞相，那就是所有的人類都是騙子，儘管有些猥瑣拙劣，有些卻技巧華麗。說謊並不像老西部片中所演的那樣，只有白人才會那麼不老實；我們全體人類，不論膚色、社會階級或信仰，都可能捨不得說實話到摳門的地步。事實上，不只是可能而已，我們還熟練到不行。

我們和猴子之間的差別並不是只有身上光溜溜、沒半根毛；我們特大號的腦容量、自我意識、說話的能力……使我們異於其他的靈長類動物，當然更遠甚於其他所有的生物——尤其是我們說謊的能力。

當然，我們並非這個星球上唯一具有說謊行爲的生物，不過我們卻是當中最熟練且產量最多的；我們使用語言的天賦使我們得以說謊，儘管實際上（語言發音）是仰賴我們的牙齒；而我們也沒有浪費大好良機。我們能言能語，因此能夠撒謊。我們都是愛說謊的猩猩。

＊　＊　＊

人在一生中無時無刻都在發揮獨特的才能來說謊。有些謊言常常被使用，甚至變得堂而皇之。

「我們的支票已經寄出了。」

「我明天就開始節食。」

「這帶給我的傷害比帶給你的還多。」

「您點的菜再幾分鐘就可以上桌了。」
「我們無法處理您的客訴，因為我們的電腦已經下線了。」
「我們找個時間來吃午餐吧！」
「你一點也沒變！」
「我沒有收過這個訊息。」
最後當然少不了……「我愛妳！」

當你得在「承認不快的實情」和「沉浸於些許虛假快感」之間做出抉擇時，大多人都會選擇較不誠實的那一項。謊言帶我們進入溫柔鄉，讓變化無常的人生獲得紓解。一點適時的謊話可以讓我們免於陷入難堪的處境，但也常常爲他人帶來十足的壓力。

就好像當你辦公用的電腦出問題，而負責維修的資訊部技術人員在被考倒時，就很可能會用行話來掩飾窘境，「朋友，你的ＵＳＢ介面網路卡掛掉了，以前都不知道會發生這樣的問題。我主管下禮拜來的時候可以幫你看看，來，筆在這裡。」

或許他可以再找一個更好的藉口，然後壓根兒正眼不瞧你一眼，就像我幾年前在

ＢＢＣ無線電台工作時所發現的一樣。我當時正要截稿，就在剛完成一件底稿、要將它列印出來的時候，很不幸的，我的電腦完全無法儲存資料。因此我打到資訊工程部去請求支援。

「我們會盡快趕到你那邊去。」

「到底還要多久？」

「大約半個小時。」

「可以請你再快一點嗎？我必須盡快讓我的電腦恢復運作。」

「我們會盡快趕到那邊的。」

半個小時以後，我還看不到半個技術人員趕來，於是又打了通電話過去，並且很有禮貌地重申情勢的急迫性。

「抱歉，我們待會兒就會過去你那邊，現在實在沒空。」

「請盡快。」

又過了二十分鐘，還是沒半個技術人員前來，我便拿起話筒：「看在老天爺的份上，維修人員何時會來？」

「他現在正要離開辦公室，剛剛走出這個門而已。」

「感謝！感謝！感謝！」

時光又蹉跎了十五分鐘，我抓起電話。

「他在哪裡？」

「我們現在很忙。」

「我知道，你跟我說過了，十五分鐘前你還跟我說那個技術人員離開了辦公室，正要趕來我這邊幫我找出問題的。」

「沒有，我只是說他剛離開辦公室，並沒有說他會去你那邊。」

你可能認爲這有點像灰色謊言，但對我來說這卻像是壞到骨子裡的黑色謊言。

＊　＊　＊

謊言可能是危險的東西。

每當瑪蒂達大聲喊道：「失火了！」

他們只回答：「小騙子！」

因此當她的阿姨回來的時候，瑪蒂達和房子，早就焚燒殆盡了。

瑪蒂達為了吸引他人注意所造的謊，就好像喊「狼來了」的小男孩一樣，注定之後悲慘的命運。

幸好，在現實世界中，不論你喊幾次「失火了！」，消防隊都會趕去救援。英國的消防員每年得應付大約三萬起惡意謊報的火警。這三萬名都是愛撒謊的瑪蒂達。

我猜那些都是為了追求刺激而撒謊的；在日本，人們據說是為了食物而撒謊。幾個世紀以來，魚類是這個國家最主要的蛋白質來源，這是因為佛教戒律禁止人消費任何四足動物。不過到了一八七二年日本人想到了一個狡詐的謊言來解決這個問題——他們將野豬重新命名為「山鯨」。時至今日，日本為了解除國際對日本捕鯨業發出的禁令，他們竟然將體型龐大且瀕臨絕種的藍鯨稱為「海洋中的蟑螂」。

當然，並非所有謊言都是不懷好意或自私自利的。謊話可以是自娛娛人的，也可以是充滿善意的。謊言可以讓社會的運轉更加順暢，免於彼此叫罵、對立。一個只能說真話的世界，不僅奇怪，也特別沒有吸引力。

謊言在我們一生中所引起的作用，遠比大多數人知道或願意承認的來得大；我們從出生到死亡，都被包圍在四處蔓延的唬爛文化中；當我們能更進一步了解我們所說的謊言，或更加留意我們所聽到的謊言時，一定能從中得到收穫。

Chapter 2

撒謊的根源

◆ 奧斯卡・王爾德相信，世界上第一個騙子是「那個沒有外出去進行野蠻的狩獵，卻在日落時分向四處為家的穴居原始人瞎掰，說他在一對一的格鬥中將猛瑪象給撂倒的人。」

撒謊的根源

當我的愛發誓她完全出於忠誠，
雖然我明知她在撒謊，但我相信她，
她以為我只是個無知的孩子，
不懂得這世間種種虛假的把戲。
因此妄自相信她還認為我年輕，
儘管她知道我的黃金歲月早已遠去，我卻還是完全相信她的油腔滑調；
於是，雙方都隱瞞了坦率的真話，
不過，為什麼她不承認自己不義，
為什麼我不承認自己已老；
噢，愛最大的特性就是似是而非的信任，
老叟的戀愛最怕提到年紀。
因此我欺騙她，她也欺騙我，
我們就在互相欺瞞的錯誤中相戀取樂。

——莎士比亞，十四行詩，第138首

說謊對我們而言就像呼吸一樣自然，說眞話反而比較困難。那些宣稱從未說過謊的人都在自欺欺人；謊話幾乎是所有人類互動的精神之一，打從文明初起，我們就開始使用這項技巧。

謊話有時大到令討人厭，但我們遲早都會接觸到它。

我們針對五千名婦女進行調查，發現有46%的人承認她們曾經持續或佯裝性高潮；澳洲《那就是人生》（That's Life）雜誌揭露，這些婦女會這麼做大多是爲了「不破壞另一半的性致」，或者「不想折損他的男性雄風」。不過她們還是在說謊；世界不是繞著她們打轉的。

我們都聽說，美國總統喬治・華盛頓不會說謊，但也絕非完人。並不是假裝性高潮才算得上謊言；世人經常性地彼此欺騙，而我們也還有許多證據尚待證實。

美國心理學家貝拉・迪波羅主導了一系列由學生和一般民眾所參與的研究，請他們在超過十分鐘的社交互動過程裡，將所有說謊的細節錄音下來。結果她發現人們平均在四分之一的社交接觸中，每天有兩次機會撒點小謊；學生在報告中指出，他們往往會因爲金錢上的因素，屢次向母親撒謊。一位學生謊稱必須支付打字機的費用，讓爸媽乖乖掏出更多鈔票給她；有的學生則爲了隱瞞抽菸喝酒的惡行惡狀而說謊。然而，參與這系列研究的人並未對說謊感到不安，他們相信自己說謊的情況在一百次中少到只有十八次而已。

不過他們可能低估了騙人所帶來的影響，他們無法承認撒點小謊只爲了誇大、逃避與實情不符的誤差行爲。美國蓋洛普民調提出一個數字，指人們每天說謊二十次，不過這個調查不怎麼有科學根據。英國各式的研究則斷定人們平均每天說六次謊——對我來說，這聽起來比較貼近事實。

《那就是人生》雜誌在二〇〇四年的調查中，推斷英國婦女有96%的人會習慣性說謊。五千個受訪婦女中，有半數承認平時會說點白色的謊言（善意的謊言），高達八成的婦女坦承偶爾還會說些「足以改變生命的大謊言」；當她們強褓中的寶寶的生父另有其人時，半數的婦女會對丈夫或另一半隱瞞事實，而有四成的婦女則會對自己避孕的行爲編造謊言。「現代的女性根本沒辦法不說謊，她們這麼做無非是爲了避免傷害其他人的情感。」該雜誌編輯這麼解釋著；而且很明顯的，她們是爲了在生活中操縱男人。

男人在這種說謊風險中的表現極爲出色，尤其是在包二奶等相關的事情上。

儘管在事情曝光之後，偷腥者所說的謊言可能會迫使夫妻離異，但沒有謊言的加持，也很少有婚姻關係可以維持長久。坦白可能帶來殘酷，且像說謊一樣難以原諒。

知名女性作家潘妮·文森茲對說謊予以正面價值；她在一九七七年的作品《完美的騙子》（Compleat Liar）中對那些在任何情況下外遇被逮個正著，卻堅決不吐實情的人提出忠告。並不是想爲外遇的行爲辯護或開脫，她只是想讓人知道，好好慎選幾個謊言來應對，便能降低傷害程度。她認爲，如果一位配偶對另一半說，「我想跟你／妳說，我和弗瑞德／桃樂絲上床了，那感覺眞是痛快的不得了」，結果一定一點好處也沒有。假如是現行犯當場被逮，她建議大家：

跟他／她說這真的是第一次；跟他／她說妳／你之所以這麼做，是因為他／她答應要將你／妳升職、給你／妳低利息的抵押貸款或一堂免費的駕訓課程；跟他／她說對方是一名性治療師，而妳／你要尋求改善技巧的方法（進而挽救妳／你的婚姻）；跟他／她說妳／你不想這麼做；跟他／她說妳／你無法阻止事情發生；跟他／她說妳／你根本不記得自己是怎麼到那邊的；跟他／她掰任何事情，只要是謊言都可以。

文森茲也建議大家，外遇者應該讓自己的謊言更加精密複雜，因爲只有這樣才可以讓謊言較難被識破。但我卻一直認爲，依常理來看謊言應該要盡量簡單，這樣才比較好記。不管以哪種方式，都要記得十九世紀著名英國詩人華特．史考特公爵告誡的話：「噢，我們所結的網糾纏得多麼混亂；我們第一次嘗試說謊是什麼時候！」這些謊言一旦脫口而出，就可能衍生更多新的謊話來圓謊，並且產生更多新奇怪誕的結果。

讓謊言更有效率

拐彎抹角的實話，不論是在工作場所或是在家裡，都一樣常見；我們上班遲到，理由通常是：我們打了一整晚的牌，所以睡過頭；我們對雇主掰一些理由，像是火車誤點、小孩生病了或者是狗狗把鬧鐘吞了下去。有越來越多想像力豐富的騙子會編一些故事讓上司聽得如痴如醉，比方救了一個心臟病患、從大排水溝裡救出溺水的小孩等，假如你全身溼淋淋的走進辦公室，那麼第二個理由便更有張力。假如我們需要偷閒一天去看棒球比賽或參加比賽，那麼我們的祖母大概得（再）出殯一次、我們得感染流行性感冒，或者是突然因爲腳趾甲倒插痛得死去活來。

順道一提，一項針對上班族所做的調查中，證實英國人是全歐洲說最多謊的騙子；有11%的英國人承認因爲要替未回覆電郵的事開脫，會否認自己曾經收到。相較之下，西班牙這類的上班族只有4%，法國人和義大利人只有3%，而德國人只有1%。

＊　＊　＊

我們都知道要一五一十地說出實話非常困難；我們都想讓自己的表現超出原有的天分；我們都不想遭受責難、不願承認自己不可靠、不想承認錯誤也不想說抱歉，因此我們會自然地扯謊，讓自己免受蠢話、令人爲難且不受歡迎的實話所傷害。

謊言有時會在我們阻止它們前就不自覺脫口而出，特別是當我們內心深處不想碰觸的禁區被觸及到的時候。

有些人擔心自己瞎到不行的謊言會帶給自己更大的麻煩，便扭曲事實來脫身，這麼做只會導致鬧劇般的結果發生。

二〇〇五年八月，有一對住在柴郡的夫妻爲了逃避兩張六十英鎊的超速罰單而步上非法之途。住在曼徹斯特的布隆利夫婦在他們的賓士車被附近的測速照相機抓到兩次以後，便著手計畫一套天衣無縫的謊言；他們試著讓警官相信是一位從保加利亞遠道而來的前同事在同一時間點向他們借車。當警察起疑的時候，這對天才夫妻便飛到保加利亞，從那裡寄了一張署名康士坦丁・科思科夫的明信片，上面寫著：

非常感謝能有機會在貴公司工作，我很慶幸有這麼一段經驗，也很樂意去回報恩澤；雖我的車不如你們的好，不過它還是能接你們過來！再次致上無限的謝意，並期待我下次的造訪。

祝　一切安好

康士坦丁・科思科夫

不過警方發現事情巧合到難以置信，透過一些簡單的質詢，他們很快就證實出根本沒有這一號人物存在；布隆利夫婦最終認罪，並被科處超過九千英鎊的罰款。

這再度讓我們體認到，再怎麼小的謊言，最後都有可能迅速膨脹，難以控制。謊言是個短暫卻又充滿魅力的東西，打個比方說：小小的詐財很容易就會演變爲重大的詐欺事件。

爲了進一步證明我們在想像力上偏離眞理，各位可以瞧瞧報紙和雜誌上刊登著「孤獨的靈魂渴望得到些許情愛」的個人廣告；這是一個許多女人越來越性感、不舉的懦夫們變化爲猛男的幻想世界；酒鬼是「和藹」的，而實際上「慵懶的男士」卻是長期自閉內向的人。在這個世界裡，每個人都具有魅力、單身、無拘無束、無憂無慮且擁有「無窮的幽默感」（GSOH，意即Great Sense of Humor）。

謊話對於避免衝突很有效，即使是在最平和的情況下也用得到。比方說，在餐廳裡面，我們大夥兒會花半個小時在抱怨服務品質、食物太冷、肉煮太老和蔬菜嚐起來沒什麼味道等等，接著服務生就會趕緊過來問我們是不是有什麼問題。

「很好，」我們說道，「真的不錯，謝謝。」

「您確定？」

「是的。」

心理學家達萊爾斯．賈拉辛斯基從小在波蘭長大，目前在英國渥佛漢普頓大學任教；他發現英國人很奇怪，因爲他們老是回答「我很好」這句話。「當人們說這句話的時候，他們幾乎是在說謊，」他說道，「當我說：『你好嗎』，他們就會回答『我很好』。似乎每個人永遠都過得很好；有時當他們問我好不好的時候，我都會說『糟透了』，而他們的回答卻還是『我也很好』。」

第一個騙子

做爲人類的一員，我們首次進入這個半眞半假、虛構、絕對虛僞的模糊地帶是什麼時候？這會是現代文明要邁向成功的壓力和社會必經過程所產生的新興現象和結果嗎？還是本來一直都是這個樣子？誰是第一個說謊的人？最早的謊言是什麼？

十九世紀英國作家奧斯卡．王爾德相信，世界上第一個騙子是「那個沒有外出去進行野蠻的狩獵，卻在日落時分向四處爲家的穴居原始人瞎掰，說他在一對一的格鬥中將猛瑪象給摺倒的人。」

王爾德在時間上做這樣的安排或許十分恰當。為了讓謊話更有效果，我們需要字彙。沒人確實知道人類說第一句話是什麼時候。《語言本能》（The Language Instinct）一書的作者史蒂芬・平克認為語言就像其他的本能一樣，是經由自然淘汰所逐漸形成的，而且有可能遠在二百五十萬年前的巧人（Homo Habilis）就開始了；巧人用石頭製成的工具讓人聯想到「某種程度的合作和逐漸養成的技術」。

語言顯然有助於我們史前的祖先去統治他們的世界、狩獵更有效率，並能有效防禦敵人，不過可能很少以利他主義來說謊。這段時期大約也是直立人（Homo Deceptus）首度在地球上昂首闊步的時候；假如能找出人類演化的最終方向，那麼或許就可以證明說謊的語言和溝通的語言幾乎是同時發展的，就算不是同時至少也不會相差太遠。最成功的智人（Homo Sapiens）可能是一群最快學會如何使用語言來增進個人工作項目的人種，他們是最能撒謊的一群遺族。

或許在人類演化非常早期的階段，人類說謊能力便已經發展出來，靈長類動物研究員就查出一些動物屬性與我們最相近的遠親，具有蓄意且幾經思考的欺騙行為。

最有名就屬舊金山動物園中的大猩猩可可（Koko），牠目前已學會手語，而且根據報導，牠還會在拆下鐵製水槽的零件之後比出手語：「是貓幹的好事」，並且指向牠的寵物小貓咪。然而，可可的保管人卻承認他們並不確定猩猩是故意說謊，還是純粹鬧著玩而已。

但來自聖安卓大學的靈長類動物學家理查・拜恩和娜狄亞・柯爾普發現，某些猴子和猩猩完全可以為了自身的利益而互相欺騙。比方說，有一隻公猩猩會偷偷地和一隻母猩猩交配，以避免被一隻更具優勢的雄猩猩打敗而弄得人財兩失。而猴子也會假裝對美味的食物興致缺缺，這樣其他的猴子就不會過來，牠就可以盜走食物。

拜恩注意到一隻年輕的狒狒會突然起身立正並且查看地平線，以免被牠母親斥責，卻使得整群狒狒以為可能有一群敵人就在附近而陷入恐慌之中；拜恩相當感到震驚的一點，就是狒狒居然可以做出這類不可思議的行為。

人類說謊的頻率結果和大腦皮質的尺寸大小成正比；夜猴和狐猴的大腦皮質都相當小，也最少出現偷偷摸摸的行為。騙術技巧最高的靈長類動物就屬獼猴和大型猿猴，如大猩猩、黑猩猩、矮黑猩猩和巨型猩猩，牠們天生就擁有巨大的大腦皮質。因此猿猴的大腦越發達，就越會做出騙人的行為。而誰是所有靈長類動物大腦最發達的呢？答案是我們——我們都是愛說謊的猩猩。

騙子的腦袋瓜裡裝些什麼

在英國雪菲爾德大學，精神病理學家史恩・史賓斯博士運用一部一個房間大小的電磁體光學掃描機試圖找出謊言的來源——也就是深藏在大腦裡的部分。他讓人員進到機器裡面，要求他們向他說謊，同時將他們大腦在極力說謊時的影像拍攝下來。他可能會問他們早餐吃了什麼，而他們實際上吃了一碗玉米片，但卻是回答「麥片粥」。當謊言潛入化學和電子的狀態以後，每秒可拍一張照的核磁共振掃描器便將它們一一捕捉起來。

在他的謊言實驗室中，史賓斯博士向我展示大腦的掃描影像，在這當中顯示出，當該實驗對象說謊，也就是說的話與眞相相反的時候，大腦的區域會變得更加活躍；首先發難的區域就是大腦的前段，也就是位在額頭兩側的位置（換成術語來說，就是腹外側前額葉皮質），這塊區域主要是處理對環境所產生的抑制反應；另外一個接近前額葉中線的區域（想一想你額頭中央，於雙眼後方兩公分處）也變得極為活躍。這些區域都是大腦最複雜的部分，主要的功能與控制的訊息輸出有關，另外它們還管理對於外在世界的反應。

由史賓斯博士所確立的證據中可以得知，當我們說謊的時候，大腦會進行兩個動作：

1. 抑制誠實的反應。
2. 用其他反應替代誠實，那便是說謊。

他推斷迫使自己誠實的力量便是「原始力量」，或是基準線（這是一種必須抑制住的引導力量）。而大腦掃描則顯示出我們都具有誠實的天性，但我們也同樣具備抑制這種天性的本能，也就是說謊。

史賓斯博士相信，選擇誠實或說謊的能力從早期的兒童時期便開始養成；這個時期當我們學會說話，我們也同時學會說謊。

小孩的話真的天真無邪嗎？

在理論上，一種與生俱來的說謊本能不管怎樣都有可能處在休眠狀態；那些僅在非常時刻才會撒謊的聖人具有十分誠實的原始力量，得以壓制說謊的本能；也或許每當他們撒點小謊的時候，他們的父母就會用高壓電擊來管教他們。事實上，大部分的孩子，小小年紀就已經學會說謊不打草稿。

爲了犯說謊這錯誤，我們必須了解科學家口中所謂的「心智理論」，這項能力所要提出的，就是別人的想法和我們的有所不同，同時還讓人了解到其實是可以欺騙他們的。這樣的思想大約在三歲左右便與語言能力同時發展出來。一旦我們了解這點，就沒有任何東西可以阻止我們說謊。

美國的一項研究計畫中，研究人員將一群三歲大的幼童安置在一間房間裡面，並且告誡他們不得轉頭去看那些新奇特別的玩具。研究人員五分鐘後回到房間，便問每一位小朋友：「你有偷看嗎？」儘管從錄影帶中顯示有90％的小朋友回頭偷看了，但卻只有38％說實話。而在另一項針對不同年齡層小朋友的實驗中，則顯示小朋友年齡越大，就越有可能會說謊。滿五歲大的小朋友中，沒有任何一個人會承認他們偷看過玩具。

小孩子天生就是個當騙子的料，這是來自英國普茲茅斯大學心理學家艾爾德．威瑞的觀點；他舉出一個例子，當一個三歲大的小女孩接受祖母所餽贈的禮物時，她會做出熱烈的反應，儘管實際上她並不喜歡這個禮物。「小朋友通常因爲父母的鼓勵而說出這類謊話。」威瑞說道。

每個父母應該都還記得試著讓小孩子承認犯錯時所遭遇的挫折。我們暗地裡都會害怕——害怕我們會收回我們的愛、取消讓你付出大把鈔票的旅遊行程、氣得再也不和心肝寶貝講話，或者做出更經典的舉動，拿聖誕老公公不會送禮物給頑皮的小孩這類的話來嚇唬小朋友。無可避免的，當這些小朋友不再被這些處罰給嚇唬的時候，這些小壞蛋所要透露的訊息很清楚的就是：媽媽和爸爸總是說話不算數；假如他們可以說謊，那我也可以。

然而大人所提供的信息，有時反而會促使孩子們用說謊來逃避處罰；威瑞在這裡提出解釋：

一個兩歲的小女孩被吩咐不准吃比司吉麵包，稍後媽媽問小女孩是否吃了比司吉，她承認了，於是媽媽很生氣地處罰她。之後類似事件發生了好幾次，小女孩便知道承認自己做的壞事會遭受懲罰，於是她就開始說謊以避免受罰。之後她發現她所說的一些謊話被揭穿了；她的父母告誡她：說謊是不好的行爲，以後若是說謊話就得受到懲罰。於是現在她遇到了進退兩難的困境：假如她針對自己所犯的錯說了眞話，她便會受罰；但假如她說了謊，還是得受處罰。不久之後她知道父母並不會察覺她所犯的每樣錯誤，因此最後她只在被發現犯錯的時候才會一五一十招來。

讓說謊技巧精益求精

當我們小不點的時候就已經說了那麼多的謊，到了青春期的階段，我們通常都會變成相當老練的僞君子。在青春期初期，說謊的熟練度成爲我們謀生的技能；我們對大人們在誠實方面的教導無動於衷，同時開始制訂屬於自己的規則。到了青春期晚期，我們往往變成了異常出色的騙子。

某天我前去華維克大學社會心理學家馬丁・史金納博士的辦公室造訪，碰巧那天他花了大半個上午聆聽了無法即時交出論文，卻希望教授寬限幾天的學生的一連串藉口。「他們丟給我各式各樣的藉口，像是親人過世、生病或電腦故障等，」史金納博士說，「有些理由眞的費盡相當大的苦心，堪稱是簡短藉口的代表作。跟那些扭曲且計畫周詳的理由相較之下，我現在比較有可能會去相信一個帶著超逼眞的藉口，如他的論文被狗吃掉的理由等前來的人。」

不管是哪種理由，他的學生最後往往還是能得到他們所想要的結果。「在沒有律師陪同和尋求具辨識力的證據之下，很難不給這些學生寬限期。」他解釋，「我必須相信他們是誠實的。」

馬丁・史金納知道為什麼說謊對人類來說那麼重要。「謊言，」他說，「能夠讓人類社交的運轉更加順暢。」當我們學會使用語言，並且發展出「傾聽內心深處的生活」，我們便學會假裝、諂媚和奉承，並且在說謊的習性中度日。既然說實話會產生傷害，那麼我們在面對「我看起來胖嗎？」或「你愛我嗎？」這類問題時就用善意的白色謊言來回答。

善意的謊言很重要，因為它們能讓我們維持自尊。「自尊就像一部緩衝器可以降低生活中可怕的焦慮……和死亡。」史金納博士解釋，「讓自己獲得積極自信的感受，便能讓我們免受焦慮侵擾。當我們還年輕時，父母會在我們身旁，無條件的給予我們充分的關懷，稱讚我們又聰明又美麗（即便我們不是），而我們也建立起價值觀；我們耗盡一生大部分的時光來維持自我的信念——也就是交易自我價值的形象。」

儘管善意的謊言能讓我們的生命變得更加愉快，但它們也會帶給人自欺和失望。剛剛看完一集某電視才藝表演節目，這個節目是那些渴望成爲流行歌手的人在評審前施展才藝的舞台；有一名不善歌舞的參賽者以不協調的歌聲，滿懷希望地唱了幾條小甜甜布蘭妮的歌曲，接著她就被打斷，並且慘遭毒舌批評說「好好的歌被她糟蹋掉」、「完全沒有才藝」等評語。「給我一個機會，」該參賽者懇求著，「我是可以唱的，我會做好它的。」在視聽室外，她一邊掉眼淚，一邊抱怨評審不公正且一點也不看重她的才華。之後她不因這次的失敗而嚇跑，反而前去參加伯明罕小姐的選美比賽，但顯然她連第一回合都無法過關。這位年輕小妞是謊言之下無辜的受害者；在她過去短暫的歲月中接受太多來自親朋好友的善意謊言，說她美麗有才華；她錯信了他們。

我們並不需要父母和朋友不合實情的鼓勵，在特意討好奉承的關注下表現自我。「在我們之中有些人想要的不單單是在自尊的土地上當個小配角，」史金納博士說，「我們想要當大明星，所以我們膨脹本身的價值，成就我們的內涵。」

當然，並不是所有的謊言都需要吹捧自己或彼此的自我價值。謊言可能就只是爲了要達到貪婪、企圖心和怨懟的目的才說出口；依史金納博士的看法，所得到的結果便是如此。但爲什麼我們要說謊呢？

「我們爲什麼要說謊，答案是：因爲我們可以。這是我們之所以爲人的理由。人類意識的試金石便是我們可以說謊；自我意識和說謊的能力都是一起發展出來的，它們有相同的過程卻又各自有不同的形態。人們自然而然的說謊，甚至讓其他人爲他們說謊，這是非常消極、令人心灰意冷的事。」

就讓我們快點進化吧！

關於說謊的小故事

現今騙子所追隨的，是一種可恥卻又令人肅然起敬的騙人傳統，這個傳統可以回溯到至少公元前四世紀，當時希臘的哲學家迪歐根尼漫無目的的企圖找出完全誠實的人。

十二門徒中漁夫出身的彼得因三次背叛耶穌，而被選爲古今最會說謊的人之一。而耶穌不是曾經相信過彼得最早的誓言「寧死也不背叛主」嗎？

過去不知產生了多少文學騙子，但幾乎沒有人能夠和約翰・曼德維爾公爵相提並論，他十四世紀廣爲流傳的大作《約翰・曼德維爾公爵的旅行》（The Travels of Sir

John Mamdeville），讓哲學家湯瑪斯．布朗恩稱他爲「古今最會說謊的人」。從以下這則形容印度洋安德曼群島的短篇經典文章的片段，你就能了解其中的緣故：

「有許多不同的人種居住在這些小島上。在其中一座島上，有一種身材高大像巨人一樣的種族，看起來非常邪惡可怕；他們只有一隻眼睛，就位在額頭中間；他們生吃獸肉和魚肉；島上的另一處，居住著醜陋無比且沒有頭的人種，他們的眼睛都長在肩膀上，他們的嘴巴像馬蹄一樣圓，就長在胸口中央……另一個小島上則住著醜陋的傢伙們，他們的上嘴唇大到足以讓他們在大太陽底下睡覺時蓋住整張臉。又有一座島上住著侏儒般的矮人，他們的身材比非洲最矮的俾格米人（Pygmy）還要小一點。他們沒有嘴巴，卻有一個小洞，所以當他們要進食的時候，就會用蘆葦或管子吸吮食物。」

像哥倫布那樣偉大的地理發現已很難再發生，而當中也不乏少數具有智慧的謊言。哥倫布在一四九二年爲尋找向西航行到東印度的路線而首度出海，他知道全體船員對於遠行到不知名的海域感到不安，因此他爲這段航程記錄了兩本航行日誌。第一本日誌中，他依照計算的結果紀錄了航行距離；第二本日誌裡，他故意將距離縮短，這樣他的船員們就會以為他們和家鄉的距離比原本想像的還近。諷刺的是，航行的結果發現，造假的里程數居然比原本以為正確的計算距離還要準確。

另一個角逐「大騙子寶座」的人是泰特斯．奧茨，這個英國聖公會教士捏造了一六七八年的「天主教陰謀」。這位說了一連串謊話的騙子，早在一六七四年於英國的哈斯丁擔任助理牧師時，便因偽證罪入獄；四年後，奧茨毫無根據的宣稱有大量的耶穌會信徒私底下計畫行刺英王查爾斯二世，然後再將英王信奉羅馬天主教的兄弟詹姆斯拱上王位。這段密謀的消息在倫敦大街小巷揭起了恐怖行動，並導致三十五位無辜的平民遭受處決。雖然查爾斯從未完全相信奧茨編造的故事，但在詹姆斯登基之後，這位教士即被判處偽證罪，接著便被套上頸手枷、鞭打，然後囚禁。最後他卑賤地死去。

有些大騙子需要大笨蛋來幫助他完成謊言。當一八五四年一艘載著漢郡富家子弟羅傑．帝區柏恩的船沉入公海時，沒有任何紀錄顯示有任何一個人存活下來；但他幾近瘋狂的母親無法接受他已遇難的消息，便在全世界刊登廣告以打聽任何關於他的消息。最後終於出現了一個男人，他聲稱是她兒子，但渾身上下卻沒有一處像清瘦、輕浮且口操法文的帝區柏恩；眼前的這個男人矮小、粗魯且體重達一百六十五公斤，而且似乎還忘了法文要怎麼講了！然而，絕望、坦率、失去理智的帝區柏恩夫人還是相信他是自己的兒子。

老夫人過世以後，這個家族花了一筆錢馬拉松式的進行一連串訴訟，最後法庭終於裁定這個來自倫敦東區、名叫亞瑟．奧頓的男人確實假冒了帝區柏恩。他在查閱柏克氏貴族系譜、蒐集此家族的各項細節來惡補之後，便進行這項詐欺計畫。隨後他被控以僞證罪，足足被囚禁了十四年之久。

距今最近的騙子叫做安娜．安德森，這個女人數十年來在世界各地大大小小的談話性節目中，堅稱自己是安娜絲塔西亞，也就是俄國沙皇尼古拉二世的女兒，同時她還強調自己是在布爾什維克黨屠殺其餘家族成員後的倖存者。這個女人死後，DNA測試報告證實她是個騙子。

皮爾丹人僞造頭蓋骨化石是古今最離奇的科學騙局之一。一九一〇年至一九一二年間，英國律師兼業餘地質學家查爾斯．道森在薩賽克斯郡接近路易斯鎮的皮爾丹公用地上的砂礫層中發現了看起來很像頭蓋骨、顎骨和其他似是人類遺骨的化石碎片。這些碎片最後由古生物學家證實來自遠古一支不知名的人類祖先——也就是一個介於猿猴和早期人類之間，但缺漏已久的進化階段。直到一九五四年，這批化石終於完全被證實爲一堆拿來假冒的現代人類頭蓋骨、顎骨、幾顆巨猩的齒骨，以及一顆黑猩猩的牙齒。於是大家普遍認爲這是道森所設下的騙局，很有可能他的目的是爲了要進入英國皇家學會，但他的罪行始終沒有獲得證實。

近代史中最厚顏無恥的騙徒，也是我個人偏愛的騙徒之一就是布萊恩・麥金南，一九九三年時這位三十二歲的蘇格蘭人冒充成一位時年十七，名叫布蘭登・李的加拿大人，試圖得到格拉斯哥市比爾斯敦學院的錄取資格，以便重考普通教育文憑的高級考試；他想要取得醫學院的入學資格。這兩年之中他必須掰出怎樣迂迴的謊言才能從導師、同學那邊守住他的秘密？從所有蛛絲馬跡來看，他們無不起疑，但又未曾試著將他繩之以法。

以上僅介紹幾位歷史上的大騙子，他們都表現出預期的人類天性。不過換個角度想，他們或許也是差勁的騙子；假如他們的騙術高超，我們就不可能知道他們的事蹟了。當然，有些厲害的騙子絕對不容易被察覺，看看你的四周，也許他們就在你身後。

Chapter 3

背離真相

◆ 謊言是一種表示；

它是一種善意的舉動，甚至還帶有敬意。

背離真相

就如我們所得知的，委婉用詞蓄意隱瞞了話的原意。更典型的是，它們確實有助我們緩和生活中惡劣且殘酷的現實，以及生活中一些教人尷尬的時刻；通常它們一點也不像謊言，反而比較像是繞過了真相，而且一般都是無私且善意的。

但即使是最溫柔的巧令之言也並非毫無惡意，它們的目的也許是友善的，但是普遍也爲我們帶來了錯綜複雜的困惑和誤解，我們應該將委婉語列入黃色謊言（怯懦的謊言），因爲它們往往意味著缺乏吐露逆耳忠言的那種勇氣。

委婉之詞相當接近各種繁複的婉轉語，如形式上的客套話、主流意識的正確性，以及一種眾所皆知的通俗說法，也就是說瞎話。不過我們終究還是多少會用到這些話。

＊　＊　＊

英語這個謙和有理的語言，是大不列顛的各路侵略者花了數個世紀所帶來的，它給了我們各種不同的方式在同一事物上有或多或少的各式說法。比方說，你可能發現這本書是一個集合思想和資訊的堂皇饗宴，而光「堂皇」這個字可能就有拉丁文的regal、法文的royal或盎格魯撒克遜語的kingly。同樣的，還有許多的字彙可以用來敘述感官上的事物，像是死亡（death）、性愛（sex），或者其他讓我們震驚、困窘或震怒的東西。我們像被溺愛般，擁有許多選擇，卻仍然經常爲了使用委婉語而放棄簡單明確的同類語用法。

委婉語可以豐富整個語言；比方說，法庭裡律師們使用的措辭俐落優雅，目的就是爲了在不違反法庭規則的情況下，破壞掉目擊者的可信度；又或者像政客們婉轉的話能夠達到極力羞辱對手的效果，同時卻不失議會應有的禮節。

委婉語可以是和善有趣的。演員約翰．李．梅瑟瑞爾被他的第三任老婆喬安．瑪琳搞得鬱鬱而終的時候，刊登在時代雜誌上的臨終遺言宣布他「睡死了！」那是他的風格。距離當時十七年前，他向喬安求婚，卻丟下一句：「我不認爲你能受得了我。」事實上，喬安並不確定自己是不是被求婚。在諷刺性紀錄片《脊椎穿刺合唱團》（Spinal Tap）中有一個不錯的虛構例子；當樂團經紀人被問到爲何這個團體表演的場地越來越小時，他便解釋並非樂團不紅，而是爲了「要讓他們的表演張力更具選擇性」。

一八九一年十二月，知名的娼妓黛西・哈金斯小姐，她因爲「和大學裡的學生走在一起」而遭受劍橋大學的教職人員制止和譴責。在溫文有禮的學術界中，大家顯然都認爲這是個十分不道德的行爲；接著她便被校園法庭判處有罪，而法庭也下令將她押入學園監獄拘禁十四天。不過她的律師以「與某人結伴步行並不足以論定爲犯法」的理由說服了高等法院法官，最後終於成功的將罪名撤銷。面對嚴肅迂腐的法官，劍橋教師們的委婉之詞卻反過來讓他們在自己臉上狠狠賞了個耳光。

不過，在機智、且不顧及道德眼光的情況下，委婉語確實可以巧妙又有目的地騙到別人。

在二〇〇三年的尾聲，京瓷集團（Kyocera）在美國的7135型智慧電話發生了嚴重的問題。這款手機的電池產生過熱甚至爆炸的現象，並且總計已發生四次。在一則案例中，一名費城人的腿部遭到了二度燒傷。因此這家公司要如何對已經購買這款手機的四萬名消費者公布消息呢？他們經過一陣腦力激盪以後，便將聲明稿發給每一位消費者，並於稿中提醒消費者他們的手機可能很容易就會「迅速解體」。

《新科學家》（New Scientist）週刊曾經報導過這則故事，航太工程師克里斯・艾略特在閱讀過這篇故事之後，促使他隨後寫了一篇「招供聲明」。他的工作偶爾需要他去從事業界所熟悉的「故障機型效應分析報告」，以列舉出潛在的產品風險。他指出，有些特定的字眼是特意禁止的：「火災」必須歸類為「不受控制的熱能事件」；「爆炸」就如同「自發性的迅速拆解事件」；「破裂」則是一種「意外的喪失封鎖」。這類的語言一點也不溫和、不友善，它的目的只是為了要縮小損失範圍，並用來掩飾眞相。

委婉語可以帶我們通行在語言拐彎抹角的公路和小徑上，並且進一步的提供一條語言界線，來區隔我們嘴上說的和眞正心裡所想的。在最極端的型態中，委婉語可以用來隱藏或掩飾罪惡、戰爭、種族滅絕等醜陋的眞相。儘管此時此刻，我們還在關心委婉語要如何用來規避眞相，而不是如何讓它完全發揮出正面的價值。

是什麼原因讓我們這樣做？文評家傑米・路易斯認為人類無法忍受太多眞相；他曾寫道：「只有最強的人才能在嚴苛的眞相和尖酸坦白的言論中倖免於難。笨拙的賭客如果一就是一、二就是二的過分誠實，最後他們只能眼睜睜看著賭金飛到別人口袋裡去；因此對其他人而言，仁慈和軟弱就只能傻傻的幫助那些表面沉默、但卻又口蜜腹劍的人獲勝。」

維多利亞女王時期的人堪稱是能沉默、也可能言善道者的箇中翹楚。他們喜歡用較不令人愉悅的「limb」（肢體）來代替令人興奮的「leg」（腳）這個字。在那個時代，絕對不會直接提及男人和女人的身體部位，即使是以最委婉的方式也一樣。對於狄更斯這類的作家來說，乳房是垂死的丈夫讓自己的頭部靠躺的最終歸宿。要了解乳房在當時性狀況，這裡有一個非常棒的案例，那就是威廉・薩克萊的《浮華世界》。書中奎爾斯醫師向克蘭普先生提到貝姬・夏普：「綠色的眼睛、白皙的皮膚、姣好的體態、出了名的豐滿上圍。」

語言上的迴避作態並不是維多利亞時代才開始的。在一八一八年，身兼內科醫師、慈善家和作家等多重身分的湯瑪斯・鮑德勒出版了他廣受歡迎卻拼錯書名的作品《莎士比亞家族》；在這本書中，許多詩人劇本中的「有色」語言已經過刪減或改述，以避免擾亂當時敏感的風俗民情。鮑德勒有意提供一個翻版的莎士比亞劇本，適合所有的父親大聲唸給全家聽，也不用擔心家人的心志因此而墮落。他試圖保留莎士比亞原作中的優點，並去除所有的缺點。

因此在《哈姆雷特》中，「他殺了我的國王，逼我的母親去當妓女」變成了「他殺了我的國王，誘使我母親墮落」。另外，有好幾個段落從原著中被移除了；原本的「皇室的妓女！」、「她讓偉大的凱撒將寶劍放在床上」、「他往她身上掘了進去」、「於是她便收成了」（出自《安東尼與克麗歐佩特拉》），在鮑德勒的版本中則刪減到只剩：「皇室的妓女！」、「她讓偉大的凱撒將寶劍放在床上了」。

當時鮑德勒醫師此舉無疑有助於將莎士比亞介紹給更廣大的讀者閱讀，但卻很難讓人原諒他將「他往她身上掘了進去」、「於是她便收成了」這些雖粗俗卻又豐富的部分給刪除了。就算是在現代的賀卡中，大家一定會用更好的詞句來替換「恭喜您的寶寶出生了」這類庸俗的題詞。不管怎樣，鮑德勒也不是唯一將經典文學改寫成一般家庭讀物的人。在他前後還有其他的作家勤奮地提筆篡改，如：喬叟、德萊頓、柏恩斯、漢米爾頓，即使是聖經也難以倖免於難。不過當時那些倡導者，只不過是一群言語粗俗的傢伙罷了。

即便是在我們知識流通相當發達的現代社會，還是會因爲許多字眼和措辭而感到吃驚，特別是那些關於性、疾病、生理反應，以及所有禁忌中的禁忌——也就是死亡。

我們動筆寫弔唁給喪親的朋友或親人時，都會用以下的話：「我很遺憾聽到彼德過世的消息。」然後便迅速地撕掉這封信，再換上第二個版本，上面寫著：「聽到彼得的噩耗，我感到相當難過。」好像我們思考的時候會避開特定的字眼，這樣就能避免失禮的讓家屬勾勒起亡者已逝的事實。

我們都不喜歡任何「殺害」——即使是動物也一樣。發狂的狗被抓去撲殺，如果是心愛的寵物就會用「安樂死」；當著小孩的面跟他說他又病又老的虎斑貓要被「殺掉了」，這種獸醫一定很少見，而且少了好幾根筋。當然，我們也都不喜歡吃掉動物，因此對供應同是哺乳類的動物肉片，如豬、牛、羊、鹿等的菜單嗤之以鼻。然而，儘管受某種原因影響，儘管澳洲作家理查・亞當斯的小說《下沉的船》（譯註：Watership Down，這是關於一隻年輕的兔子的故事，牠帶領了幾隻兔子離開家園，走進陌生的原野，找尋新的家園。）的文學成就斐然，但我們還是喜歡吃兔肉；魚肉和家禽等所烹飪而成的餐點，我們卻放心直呼其名。

我們的委婉語，儘管一點也不坦白，卻很少誤導別人。不過在關於生理反應方面，可就變成有點棘手的難題。

打個比方，當母親、姊姊或阿姨月經來潮，用令人難懂的說法——「大姨媽每月來一次」時，有哪些青少年不會感到疑惑和困擾。到底發生什麼事了？這些少年在被發現到焦躁不安，並被問到他們是否想要「上廁所」或「方便」時，同樣也會感到不知所措。

我們不管在什麼年紀，沒有任何一個人喜歡知道太多關於自己泌尿問題的事。即使是醫師也要問我們「下面的東西情形如何？」或「『石門水庫』的情形如何？」，想必醫師們會設法避免我們或他們自己尷尬。或許可以順道一提：醫師一定也會問道：「你認爲毛病在哪裡？」這通常會讓我想回答：「唉，醫生是你耶！」當然我從來沒有發生過這樣的問題，儘管如此，我也向來不會拐彎抹角表達心裡的意念。

當便秘來的時候，羞怯便永無止息；就好像一位母親在筆記上寫的：「我們家威利沒辦法上學唸書是因爲他不曾去過學校，我已經設法讓他想去，因此當他去過學校，他就可以開始上學了。」

你上次沉溺於「烏干達人探討」是什麼時候？（喔！我們現在已經到「性」的主題

了。）這個嚴重拐彎抹角的委婉語是若干年前英國《私家偵探》雜誌所發明出來的，這是在一場（在烏干達獨裁領袖伊迪．阿敏作惡多端的時代所舉辦）宴會之後所揭露出來的話題，在那場宴會中，據傳有一名女記者在為一場「樓上的性行為活動」解釋時，說道：「我們只不過是在討論烏干達。」

性的委婉語從聖經中的「亞當……與夏娃同房」後便其來已久。然而，要說出與心裡所想相反的話來超越「上床」這個字眼，同時還要很清楚的讓人所了解，這是相當困難的一件事。另外，又有多少委婉語可以形容「手淫」呢？其實多到你可以寫滿一本書；而有人就眞的做到了。

有一個野生動物電視節目的解說員告訴我們說：雌鰻魚是被絡繹不絕的雄鰻魚所「悉心服侍」的，有時性行為可是被掩飾得很有技巧的。

珍娜．傑克森二〇〇四年於全美最大的運動盛會——超級盃美式足球大聯盟——中當著數百萬名電視觀眾的面擔任現場表演的開場來賓時，就引發不少騷動。當時她與對唱的流行樂超級巨星賈斯汀．提姆布萊克同台飆歌，而大部分的觀眾都認為這是一個刻意的設計，因為珍娜「意外的」讓右乳整個露出來。之後，珍娜的發言人聲稱整個事件是因爲「表演服裝出狀況」（Wardrobe Malfunction，字面意思：衣櫥發生故障）。我認爲，他們在這裡可碰到狗屎運了。所謂的「Wardrobe Malfunction」應該是廉價衣櫥的門掉下來，如此的語言失常還不是爲了要掩飾脫序的宣傳噱頭。

＊ ＊ ＊

英語中最禁忌的字眼之一，和性、生理反應或死亡一點也沒有關係，而是「騙子」這兩個字。或許它就是比其他任何人身攻擊招致更多爭端；根據觀點指出，我們可以忍受被認爲軟弱無能、懶惰、自大傲慢，甚至床上功夫不行，但指稱我們是騙子的人卻是罪大惡極。

二〇〇五年的英國大選曾在一個議題上舌戰不休，那就是英國首相是否在出兵伊拉克的動機上欺騙了大眾；類似的指控在國會大廈的議事廳可能未曾出現過，所有的議員都被嚴格禁止「用蓄意虛構的謊言指控任何人」。即使是十九世紀的厄斯金．梅在《英國國會程序》中批判嚴苛，也會小心避用「騙子」這兩個字，否則做出類似指控的下場通常都是被議院停權。提醒一下各位，厄斯金特別禁止議員對任何議院的議員「做出任何不忠實、失禮的言論」；不過這並沒有阻止維多利亞女王的首相班哲明．迪斯瑞里數落他的政治敵手：「假如葛雷斯頓掉進泰晤士河，那會是個不幸的事；假如有任何人將他拉起來，我想這更會是一個大災難。」近代的國會議員丹尼斯．希利對前首相柴契爾夫人也是毫不留情：「首相跟我們說她已經對法國總理致上她的一片心意——如果是我，我可不會欣然接受這份禮物。」

對於這類的評論，迪斯瑞里、洛依德．喬治和希利等諸公們可能會遭遇一兩句議長所回應的不滿意見，但也很有可能逃過停權的處分，這類事件尤其關係到他們是否敢暗示政治對手是個騙子！

二〇〇二年三月，英國工黨下議院議員喬治．加洛威針對青年外交部長班．布萊德蕭稱他為獨裁者海珊的代言人展開反擊，他向布萊德蕭嚷嚷說：「你是個騙子。」經過議長苦口婆心的勸說之後，雙方總算才互相道歉，平息了原本可能要停權的風波。

加洛威可能是從十八世紀一位劇作家兼史丹佛大學會員的理察．布林斯萊．薛瑞登著作中偷學過兩招，因為薛瑞登也曾經因為指稱同議會的一名國會議員「騙子」而被請求道歉，在他的答覆中提到：「議長先生，我稱可敬的議員為騙子一事的確是真的，我對此感到抱歉。可敬的議員可以把如此的污衊當作是在放屁。」

一字記之曰禮

我們不只有一個方法可以隱瞞真正的感覺，英國人最出名的就是讓自己躲在正式禮儀的煙幕之後。

已故的英國偉大科幻作家道格拉斯・亞當斯（Douglas Adams，1952 -2001）曾說過一個故事，有次他走進一家火車站的自助餐廳，買一小袋比司吉麵包和一份報紙，然後挑一張桌子坐下來；一位陌生人也在這兒坐了下來，打開了比司吉麵包的袋子後便開始吃了起來。亞當斯說：「我幹了任何正常英國人所會幹的事，就是我故意裝作沒看到。」這兩個男人輪流從袋子中拿出比司吉，直到它空了，而在陌生人離開了以後，亞當斯才放下報紙抬起頭，發現他裝著比司吉麵包的袋子竟完好如初。我們從這故事只看到這兩位男士的彬彬有禮，他們不好意思向對方表達心裡所想的話，因而避免了一場比司吉互毆風波。

有一項心理研究指出，85%的英國人在衝進人群的時候，會本能的說「抱歉」。我不是很確定這項研究是如何進行的，但我可以想像一個男人帶著一張筆記夾板，在購物中心跟隨著行人，並且注意著他們的反應。假如有85%的人懂得說抱歉，那其餘15%的人是如何反應的呢？這位研究人員用掉了多少筆記夾板？無論如何，你會發現即使是流著拉丁血統的人也不會低頭說抱歉；但我們是英國人，我們不習慣對這種事大驚小怪。

我們還有很漫長的時間去避免尷尬和對立；譬如說，我們連挑剔食物都覺得不好意思，有些晚宴的賓客寧死也不願承認自己討厭吃風乾番茄，或表明對主菜的食材過敏，以免讓宴會主人難堪。然而，報章專欄作家亞德里安．安東尼．吉爾對此卻苛刻許多：

「十年前，我寫了一篇關於在晚宴中退回餐點的文章；我在裡面指出，假如你的餐點一點也不優，就要求東道主拿走它，然後再換上別的菜。這是十分合理的觀念。我在文章中分享了這段故事，那就是我在晚宴中拒絕享用令人作嘔的烤扁豆，而其他賓客起身說他們也不喜歡這道菜。事實上，跟我意念相投的是坐在桌首的那位聰明女士，她認為這個烹飪手法簡直就是托兒所才有的。這篇文章讓我得到了想要的結果——從此以後我再也不曾被邀請去參加晚宴了。」

這就是當你說出心裡的話時會發生的事。我們大部分的人都相信，說一點不眞實但有禮貌的謊話，並且維持在晚宴邀約名單裡會比較好。

律師們和政客們特別擅長將他們的看法隱藏在形式化的禮儀之下；他們稱自己政壇或法庭上的敵手爲「令人敬佩」或「我博學多才的朋友」，這樣就不會嘲弄到許多人，不過他們在「尊敬」方面的咬文嚼字卻需要收斂一點；通常對於即將爆發的爭執來說，一開始便「致上敬意」的句子反而會帶點藐視的意味；「致上崇高的敬意」卻是暗地表示嘲笑；「致上最崇高的敬意」則是全然輕蔑之意。

到了法庭或議場外，我們可能會在一堆狀況中，選擇去避免直接或明白的說出心裡話；我們可能討厭某人的帽子、髮型，或者是書，但我們卻不會用太過直接的反應去傷害對方。一句「非常棒」或「很有意思」就能解決問題——但它就會是句謊言。

謊言在特定社交情況下可能會比眞話來得更好，這在賴瑞・大衛領銜主演的一齣情境喜劇「人生如戲」中獲得不錯的闡述。他飾演一個個性十分散漫的傢伙，在這特別的背景下，他受到一群新朋友冷落和斥責：

賴瑞（向妻子雪瑞兒說）：他們知道他們已邀請我們去聽音樂會了，顯然他們是故意不打電話給我們的。難道我要打電話給他們，然後說「我們正在等你們的電話！」接著他們會說「是嗎？我們並不想跟你們去。」……他們至少可以騙騙我們吧！

雪瑞兒：沒錯。

賴瑞：我的意思是說，他們可以打電話給我們，然後撒個謊。我們可不想坐在這裡像群笨蛋一樣。

雪瑞兒：是啊。

賴瑞：謊言是一種表示；它是一種善意的舉動；它還帶有敬意。他們真的是太不尊重人了。

謊言是一種尊敬的表示。記住這一點。

＊　＊　＊

在義大利人的眼中，英國人的禮節看起來像什麼？來自米蘭的記者兼作家貝皮·斯維格尼曾經花了一個月時間待在倫敦，替義大利的日報寫稿，同時爲他研究英國佬的書進行調查。

貝皮和我曾經短暫共事過，他對於英國人過份禮貌這件事印象特別深刻；他覺得其中也許掩藏了一些眞正的感受，不過他並不是非常確定；他說他曾經在一家報攤排隊的時候，便開始計算在買報紙這麼簡單的交易中，說「謝謝你」這句話的次數共有多少。

他所得到的結果如下：

英國人把他的報紙放在櫃檯上，然後說：「謝謝你。」

「謝謝你，」櫃檯人員，「這份要五十便士。」

「謝謝你。」英國人說，然後掏出五英鎊的紙鈔。

「謝謝你，這是找您的零錢。」櫃檯人員在他離去前說道。

光買份報紙就說了五句「謝謝你」！其中到底包含了多少感激之意？肯定一點也沒

有。貝皮指出，在義大利一件類似的交易中至少會出現兩次抱怨聲。

眞正讓貝皮困擾的，是每當他發現自己聽到一些矯揉做作的話語，或甚至想法和行爲開始像一位英國人的時候。在某個陰雨的午後，他開車回到位於倫敦市中心的公寓大樓，發現又有人把車停在他標示清楚的「住戶專用停車位」上，這已經不知是第幾次；震怒之下，貝皮拿出了一張紙靠在車窗上，然後寫著：「這位先生，請恕我向您提醒，您的行爲已違反……」此時他停了下來，想了一下自己正在幹什麼。在這樣的情況下，這位正常的義大利人應該拔出他的車鑰匙，並且拋掉死亡的威脅，走向那輛惹事生非的車子朝他的烤漆刮下去。但是相反的，他卻寫了字條，開頭爲：「這位先生，請恕我向您……」不到一個月後，他便收拾行李回到米蘭去了。

實話實說

在一九八〇年代，言論自由面臨了令人不安的威脅——主流意識的正確性。從那時起，不管我們怎麼努力避免傷害他人、不與任何人發生衝突，或不去爲難別人，我們最後還是可能被控違反法律。當我們不懂如何談論某些少數族群的標準看法時，就容易惹上各種麻煩。

主流意識正確性的全盛期在一九八〇年代和一九九〇年代初期，當時在它的影響下產生了一些相當荒謬的行爲，特別是在美國。一九九三年，黑堤磨坊銅管樂團（Black Dyke Mills Band）應邀成爲第一個到美國紐約著名的卡內基音樂廳表演的英國銅管樂團，接著代表黑人、男女同志的人權團體開始提出抗議，要求張貼的海報和宣傳品上的名稱應改爲「英國磨坊銅管樂團」（British Mills Band）。反常的是，卡內基音樂廳的管理人員居然就屈服於壓力之下。

二〇〇五年七月，一次教師職業協會爲了一個議題展開討論——「不及格」（fail）一字是否應該從教育上的字彙中刪除，並以「成就延期」（deferred success）來代替？在考試中屢次的不及格，是否會降低學生們對學習的興趣。教育部長魯斯・凱利認爲這樣的想法沒必要成立，這項議題便受到會議代表們的正式否決。睿智佔了上風。

主流意識常常會傷害到它要保護的民眾，就好像一九九二年的紀錄中，美國民權委員會向聯邦政府職員提出一個備忘錄，認爲有些措辭可能會造成傷害，建議可以從下列每條中的兩項辭句挑一項：

- 「殘障人士」或「殘障個體」，而不要用「殘廢人士」；
- 「失聰人士」或「聽力損傷的青年人士」，而不要用「聾子」；
- 「失明人士」或「視力損傷人士」，而不要用「盲胞」；
- 「有閱讀障礙的學童」，不要用「有閱讀困難的學童」。

這本備忘錄尤其激怒到美國國家視障協會；視障協會在接下來的協定中，想出下列更勝一籌的對應文章，非常值得詳盡地引用：

「在提到『瞎子』或『盲胞』時使用各種不同的委婉語，這在特定的領域範圍內所造成的壓力已經越來越大——這些委婉語包括了：視覺有困難、視力有缺陷、看不見的、視障者、視障同胞、視力有缺陷的同胞……這些名詞完全不被接受，所獲得的只有揶揄和嘲笑，這是因為它們不僅勉強，還可笑地想要避開直率且不錯的字彙，如：瞎眼、盲目的、瞎子，或盲胞們等。

這類委婉語以流行、符合主流意識的正確形式來使用的時候，卻與它原本意圖表達的意思正好相反，這是因為它過度的防衛性，暗地意味著恥辱而不是真正的平等，並且把瞎眼形容得很易怒、很好鬥。

就好像一個聰明的人樂意被稱呼為智者，但卻不會堅持別人一定要叫他智者；一群銀行家很高興被稱為銀行家，但卻不在意自己被稱為在銀行界工作的人，所以這多少有些盲目……某種程度上，委婉語可被用來傳達任何其他的概念或比喻性的描述，我們對這類的運用深表遺憾。我們可以用自己的方法、以平等的方式對待他人，而我們正打算這麼做。」

上述文章並沒有任何模糊不清之處，這是個明確說出心裡話的好例子。有趣的是，英國的皇家盲人學院幾乎在同時展開了一項研究，想確定人們相較於「視覺缺陷」、「視覺障礙」、「視覺殘障」和「視力有困難」等四個項目之下，對於「瞎眼」一詞是如何反應的。他們所得到的結論是：「我們發現，研究對象對於不同說法的反應並無不同……換句話說，不論所用的方式是否符合主流意識的正確性，其實都沒有差別。」

主流意識正確性如同對言論自由的恐懼一樣，已經漸漸地消失。在進入新的千禧年後它的影響範圍越來越小，但是它仍然被認爲是一股力量，仍然找受害者索命——像美國訪談節目主持人比爾・馬爾。

馬爾的節目「政治不正確」（Politically Incorrect）是一段深夜的談話性節目，邀請演藝界和政治界的來賓爲當天的話題作辯論，一般而言，節目鼓勵來賓們挑戰公認爲標準的輿論觀點和狹隘的想法。隨著「911」恐怖分子攻擊美國世貿中心以後，馬爾提出一個十分具有爭議性的觀點，他說：「我們已經成爲在二千英哩外高射巡弋飛彈的懦夫，這眞是懦弱極了；在飛機撞大樓前一直待在飛機裡，並且說出你的目的，這不是懦弱的行爲。」

儘管有些專家替馬爾說話，指出肉體的怯懦和道德的怯懦有所不同，但是這個節目的主要贊助者在輿論批評的壓力之下，撤走了他們的廣告，節目最終從節目表中除名。

這就是當你暢所欲言時有可能會發生的事。

別人的腦袋瓜想些什麼

並非所有不實的話都是謊言。很多我們所說的話都代表著不同於事實的另一種笨拙、不正確卻又純潔的說法——因爲記憶是一種虛無易逝的東西。每當我們試著回憶往事時，我們記憶的不是事件本身，而是我們上次想起它是什麼時候。每次試著回憶往事的時候，事情的正確性就會跟著削減，而我們的想像力在潛意識中也會補償我們記憶力消退後所遺失的細節。

銀行搶案的目擊者會用各種可怕、卻又互相矛盾的說法，來描述涉案的搶匪以及犯罪手法，好讓警方獲得滿足。幾個月以後，目擊者在法庭上所做的描述和在案發現場又有不同，差異性讓人驚訝，不過卻沒有半個人說謊；目擊者只不過是血肉之軀罷了。在美國有一項研究，針對四十起都是因爲DNA被誤判定罪的嫌犯洗刷罪名的案例；這項研究指出，其中有90%的案例是目擊者指認錯誤造成的。這其中又有一個案件，是有五名不同的目擊者確認被告犯罪。此外，還有一項關於五百件錯誤定罪案例的研究，當中推斷出有60%都和目擊者指認錯誤有關。在模擬犯罪相關的科學試驗中，只有34%到48

%的案例獲得正確的指認。目擊者很有可能會把事實弄錯，而不是去還原真相。

有位友人說了一個故事：有次她在英國威爾斯山脈上旅行，當她經過一個電話亭時，電話響了起來；於是她拿起電話接聽，接著很驚訝的發現對方居然是撥錯電話的老朋友。很棒的一個故事，她堅持這是千真萬確的。不過，她的丈夫說他很清楚的記得他太太是什麼時候從一位共同的朋友那邊聽到這則故事的。在這幾年當中，他相信他太太是潛意識地將這個故事當成自身所發生的，尤其現在更是變本加厲。因此，技術上來說，這算不上是謊言。

某天我和幾位朋友一起喝啤酒，幾杯黃湯下肚，我便開始說故事了：好幾年前，我和他們其中一位出遊旅行。後來我們錯過了最後一班回家的列車，當時天很黑，所以我們在鄰近的山腰上搭起了帳篷。隔天一大早，我們發現自己竟然睡在一個滿是垃圾的垃圾場上。

「怎麼可能發生這種事。」朋友說道。

「是，它就是發生了。」我說。

「不，不可能。」

「沒錯，發生了。」

「不可能，」他堅持著，「不可能發生的。我們並沒有帶帳篷啊。」

噢，我的天啊！他是對的，我們並沒有帶帳篷，整件事情可能是我在幻想，或許有可能是我在作夢；但是這件事看起來如此眞實，而這則故事我也說了好幾次，它讓我開始懷疑我的記憶到底是不是眞的。

到了早上，我便心甘情願的相信自己患了某種假性記憶症候群，不過也很慶幸自己至少並沒有眞的在說謊。我打開電腦收電郵，其中有封信是我那位朋友寄的；「我記起來了，」他說，「我們的確有帶帳篷。」

我們常常無力抓緊真相，這可能會使得我們從真相偏離到其他方向去。

心理學家哈利．弗蘭克佛爾特在他簡短卻又大獲好評的著作《放屁》中認爲：屁話是對事實眞相的草率和漠不關心，而不是眞的故意要說謊，光這點就和謊言有所不同了。他主張說謊的重點在於更高明的技巧，而不是只有空口說屁話而已，不過也沒必要因此斷定說屁話的人會比較輕鬆。騙子必須知道事情眞相；他必須知道眞相爲何，之後他才能編造謊言。相反的，說屁話的人不需要知道事實，雖然對事情的了解缺少許多，但是一旦他被人所相信了，那麼他的屁話一定有較高的創造力。

Chapter 4

銷售的謊言

◆ 坦率、樸實的真話，在廣告和行銷的世界中，是一種格格不入的觀念。

銷售的謊言

說到這裡，假如各位有任何人是在廣告業或行銷業的，請自殺吧！把你們自己殺了，我說真的。你們是所有美好事物的毀滅者；我是認真的，不，這不是在開玩笑……你們是撒旦的後代，你們讓世界充滿憤怒和謊言……自殺吧！自殺吧！現在就自殺吧！現在，就讓我們回到節目……

脫口秀諧星比爾・希克斯不是一個會手下留情的人，他非常討厭廣告和行銷界的從業人員；他告訴他的觀眾說，他們已經將我們的星球從太陽系的行星變成第三間購物中心了。

這可能看起來像是一種因忌妒而產生偏見的看法，但當你目睹證據的時候，便很難不去同意希克斯的觀點。

英國身兼劇作家、詩人雙重身分的威廉・吉伯特認爲，廣告「只是一種佐證性的瑣事，故意將富有藝術性的逼眞事物加注在單調、無說服力的故事上罷了。」現代科幻之父賀伯特・威爾斯則比較缺乏想像力的將廣告形容為「合法化的騙術」。

在每個清醒的時刻，我們都會被包裝鮮豔的詮釋、誇張的辭句和奸巧的謊言騷擾，讓我們從荷包中拿出血汗錢，但往往我們所獲得的回饋並不多。業務員不斷地提出一些難以抗拒、一生僅有一次機會的產品價格；顛覆老化的產品，能夠撫平時間蹂躪的痕跡，並使我們在異性面前更具魅力；號稱讓上傳或下載速度更快的產品，能夠提高我們的觀賞樂趣，同時娛樂我們的好友；另外還有跑更快、更耐久且減少廢氣的產品，讓我們更成熟、更雄壯且更有成就的產品，以及在廚房中讓我們節省時間和增加效率的產品等等。少了它們，家庭甚至人生就不完整了。

即使是小孩子他們也不放過。事實上，小孩子是推銷者的主要目標。在二〇〇四年美國心理學協會的一項研究報告中指出：一般兒童每年收看的電視廣告量超過四萬則。八歲以下的兒童「無法確切地了解電視廣告所傳達的訊息，並且很容易就會相信廣告訊息是眞實、正確、客觀的」，這樣的結論並不嚇人。但是否成人就更有眼光呢？顯然不是。我們的表現就好像我們必須繼續消費，否則就猶如鯊魚停止游水一樣，一定會死去。

市場上的欺騙行爲可能是公然的，同時充斥著可恥的謊言，還可能是十分狡猾的。譬如說，我們常常被迫相信：我們實際所獲得的東西，比我們付出的金錢更多。一小包薯條通常沒辦法滿足我們，麥當勞經過審慎的計算之後，都會提供我們「中包薯條」的分量。因此，又有誰能夠抗拒麥當勞的誘惑呢？

澳洲媒體大亨法蘭克・派克在著作中告訴我們，在美國旅行時，他常常會被速食店的用語搞得不知所措：

「在我好幾次全天開車的旅行經驗中，有一回在半路上，我將車停在紐約州艾米拉市附近的一家麥當勞，想點一份速食餐拿了就走。在點了漢堡等主餐以後，我又點了一杯飲料。『飲料要什麼大小的呢？』站在收銀機後面的十七歲少女問道：『中杯的』我回答：『我們沒有中杯的喔。』她回應。於是我渾沌的腦袋便花了一點時間去反應這個問題，而這期間那位櫃檯小女孩並沒有對我做任何解說，只完全杵在那兒等著。『沒有……中杯？』『我們只有小杯、大杯、特大杯。』『那麼……我想要這個，嗯，中間的那個。』『喔，那是大杯的。』她向我提供協助性的解釋，就好像對某個不太懂英文的人一樣。」

星巴克為了不被對手超越，於是不採用小杯的咖啡，反過來提供大家「高（Tall）」杯，假如我們口渴，還可以叫一杯「大（Grande）」杯（而不是「中（Medium）」杯）的飲料。星巴克多慷慨啊！事實上，他們所提供的最大杯飲料不知為何被稱為「特大（Venti）」杯，依我來看，這個字是義大利文的「二十」。我曾在我這邊四家星巴克分店詢問過裡面的員工，為什麼特大杯要叫「Venti」，可是卻沒有一個人可以給我答案。之後我在另一家星巴克排隊買咖啡時，站我身後的一位警察跟我解釋道：它之所以被叫『Venti』，是因為它含有足足二十盎司的液體重量。確實，這位警察沒有騙我。

傢俱店會用機會難得的大減價誘使我們購買昂貴的商品。有一家大公司分店的推銷員向我解釋他們是如何以僅僅一千一百英鎊的價格將一張原價二千四百英鎊的皮革沙發賣出——這可以省下將近60％的金額。顯然他們只需要在二十八天之中以全價去販賣產品，之後便可以宣佈大降價。我問他在二十八天內購買傢俱的民眾過了一兩個禮拜以後要是知道他們購買的商品將以更低的價格賣出，不知他們是否會抓狂。「會，」他老實回答，「他們會衝過來嚷嚷和咆哮，因此我們也會做一些善意的表示。」他是否會因爲自己以做作且誇張的價格說服客人購買傢俱而擔心到睡不著覺？他只能無奈的聳聳肩。

坦率、樸實的眞話，在廣告和行銷的世界中，是一種格格不入的觀念。我們太常見到一些產品的售價，沒辦法遵照原本所標示的價格。因此在相當高的程度上，我們也默許了謊言的存在。蓋洛普民調曾詢問過民眾，是否認爲廣告商將商品的功能，如洗衣粉的洗淨功效等誇大化是一種道德良知的錯誤，結果認爲這是錯的人卻僅有46％。

在零售的世界中「完全誠實」非常少見，一旦出現甚至令我們震驚。某次我到一間位在倫敦牛津街的服飾店「GAP」，店員主動跟我透露他們那一排我很喜歡的套頭毛衣很容易就會變形和起毛球，當時我眞的進入了善惡交錯的模糊地帶。顯然曾經有一些不爽的顧客拿毛衣來退貨。我近距離的端詳這位店員的臉，他眞的不是在開玩笑，他是認眞的。這些毛衣很廉價但問題又多，他實在不想騙我。我對他的誠實感到十分驚訝，自己差點就買了一件。

我們在廣告心理學方面似乎有點落伍，爲何它對我們的行爲舉止有如此的魔力。不過我們應該先思考我們受騙的程度有多大。

水世界

讓我們嘗試一下水的行銷世界。我們可能認為生活中如此基本的東西不應該騙走我們那麼多錢；畢竟，我們的身體有70％是由水所組成的。在第三世界，每年有上千上萬人因為缺乏物資而死亡，但在我生活的西方世界中，有益且古老的H_2O，平靜且閃耀，被裝成一瓶一瓶的，貼上包裝後如同其他商品，運用本書中的各種騙人伎倆進行促銷。

二〇〇四年初，可口可樂公司投資了七百萬英鎊讓旗下的「Dasani」瓶裝水品牌打入英國市場。自從可口可樂以擁有「瓶裝水應有的純淨」來為商品打廣告，可能已經讓消費者之前認為「Dasani」的水都是取自像阿爾卑斯山般的高山上或地下水的事給釋懷了。事實上，「Dasani」的水來自於英國肯特郡一家工廠的自來水管中。

可口可樂極力提出事實想要證明「Dasani」的水其實是經過複雜的產品管理流程，其中包括重複過濾和俗稱的「逆滲透」，這種由美國太空總署所研發出來用在太空梭上淨化液體的完善技術。他們所指的是何種液體呢？原來，是把礦物質加在味道純淨的水裡面。「Dasani」的宣傳活動或瓶身上，沒有任何一處提到自來水的部分。

雖然可口可樂公司絕對不是唯一把過濾的自來水裝入瓶中的廠商，但它卻是一家因爲標榜「純淨」來促銷產品而觸怒到英國水利產業的公司。英國水利產業抱怨這樣的行爲簡直是暗喻英國自來水不乾淨。而這家飲料公司主張這跟使用的水源一點關係也沒有，因爲水源好壞並沒有影響到產品生產最後的結果。「所謂的純淨有許多不同的標準，」該公司聲明，「『Dasani』已達到飲用水應有的純淨。」當然，這句話完全是在胡扯；或許不乾淨也有許多標準。但是純淨就是純淨，沒什麼好解釋的。

之後的幾個星期，情勢對可口可樂越來越不利，因爲「Dasani」工廠的水源供應潛在地受到致癌物質溴酸鹽所污染；於是可口可樂公司馬上從市面上收回五十萬瓶，同時停止生產。「Dasani」的壽命在英國僅維持了五週。報刊寫頭條的編輯記者當天可樂歪了，「喔！親愛的（Eau Dear，Eau爲水的法文字，原意爲『昂貴的水』）」，這是我特別喜愛的一個頭條名稱。

富維克礦泉水並未採用自來水；它的水來自法國的奧弗涅山脈。目前我已經喝這個品牌好一陣子了，但我顯然沒有得到標籤上所保證的效果：

「幾千年前奧弗涅的火山以驚人的力量爆發出來。時至今日，火山的自然火花都保存在每瓶富維克中。富維克——經由火山岩的過濾，將讓你充滿火山般的活力。」

或許是因爲我喝得富維克還不夠多，所以還沒辦法知道要喝多少的量才足夠；也或許最終它也只不過是普通的礦泉水罷了。

非一流的主張

當英國連鎖超市「森斯堡利」與名人傑米．奧利佛主廚續約，爲他們的超市代言時，我就在猜他們一定希望他的老婆珠兒不要重蹈覆轍，再度被拍到跑到對手「葳特蘿斯」超市去採購的畫面。他們想要維持一個假象，那就是傑米的心，以及他越來越多家族相關的成員，都屬於森斯堡利的一分子。

同樣的例子也發生在其他收了錢幫產品或服務代言的名人身上，然而普通的常識告訴我們，這些名人或許從來沒有在現實生活用過這些商品或服務。

這類似乎容易揭穿的謊言只不過是另外一種廣告商的伎倆罷了。我的律師們都勸我不要再說下列各產品所編的台詞不是謊言，不然就是刻意要誤導民眾。不過他們沒辦法阻止我這麼想。

首先先來個經典的一句：「八成的貓都喜歡吃偉嘉（Whiskas，貓飼料）。」為什麼？污水槽裡的油嗎？我們在廣告中都可以看到貓咪慢條斯理的朝好幾盤（看起來像貓飼料的東西走去，接著牠直接走向偉嘉。他們在別的盤子中都放些什麼？我們永遠不會知道。無論如何，其他兩成不喜歡吃偉嘉的貓或許才是聰明、有眼光且品味獨特的貓咪；這類的寵物才是我們都想要的。

有個電視廣告為一個晚霜品牌打了下列的廣告詞：「臨床實驗證實：妳的皺紋狀況將如同十歲前一樣的好。」這是什麼意思？事實上，假如你現在的肌膚皺紋比十年前還少，那會發生什麼狀況？

只要付十二英鎊，你就能在eBay買到一個「永恆生命」戒指。「這款戒指可以讓人類處於永遠年輕的狀態。」它是這麼跟我們說的。不過實際上他們卻沒有說誰會相信這種鬼話。讓人感興趣的是，這款戒指提供了零風險保證，妳在購買後對商品不太滿意，可以在三十天內將商品退還。不過我在想，假如過了三十一天妳開始越來越老，那可就倒楣了。

「福特的車輛——百分之七百的安靜。」媒體監督機構要福特證明這個廣告詞的正確性，以確定別款車的確比福特的還吵百分之七百倍，而福特公司則解釋說廣告詞眞正的意思是指福特車的車內比車外安靜百分之七百倍。還不就是和其他車款一樣。

「英國航空是全世界最受歡迎的航空公司。」這是誰說的？這家公司在一九九〇年代是世界最會賺錢的航空公司，但這一點肯定沒有讓它受到歡迎。

隨著廣告在廣播和電視上強打，這些台詞不但讓大家琅琅上口，而且還變成大家習慣的說話方式。頂尖的配音員拿到的酬勞都很可觀，因爲他們的音調被相信有能力去動搖民眾判斷力，讓民眾喜愛噁心的扁豆罐頭勝過其他商品，這是十分不可思議的技巧。我一位演員朋友曾經被聘請去介紹某個品牌優格的優點，使它更廣爲人所接受；在拍攝了四十個鏡頭之後，他還是無法捕捉到廠商所要的那種既難以捉摸又具有說服力的語氣。「你們到底希望我怎麼做？」最後，他惱怒的問。廠商丟下一句很有建設性的回答：「試著讓聲音聽起來更優格。」

另一個更狡猾的廣告伎倆就是在廣告詞中偷偷的告訴消費者這項商品比別人的更好更便宜，同時在嚴密的檢查之下，其使用的語言實際上幾乎沒有什麼意義。這是一種可以戰勝「商品說明法」的狡猾手段。

「我們的牙膏『能幫助』您擊敗蛀牙。」能幫多少忙？也許並不多吧。

「我們的咳嗽藥能『快速見效』。」到底有多快？

「最高可省50％。」這句話代表你可能只省下1％。

「我們的商品目前便宜了20％。」比什麼還便宜？

「越來越多的人正使用……」但是之前用這產品的人可能半個都沒有。

「有史以來最低價格。」但這眞是個好價格嗎？

「『正常』使用，將有助於『控制』頭皮屑『症狀』。」你之後還是會有頭皮屑，只是它不作亂，沒有任何症狀而已。

只有用雞蛋裡挑骨頭的懷疑精神和洞悉話語中蛛絲馬跡的觀察力，才能讓你免於受騙。假如廣告商說：「沒有任何東西會比Anadin（止痛藥）更快速。」你永遠都要回答：「那我要『沒有任何東西』。」……夠冷吧。

媒體監督機構

有那麼多奸商企圖要用更華麗的技巧來矇騙我們，因此我們必須儘可能做好各種保護措施。

聯邦交易委員會（FTC）負責制裁美國所有用欺騙手段行銷商品的公司，它已經獲得不錯的效果，特別是對付一家聲稱他們的「維他命O」能夠預防或治療癌症、心臟病和其他致命疾病的公司。自從FTC會告知法院該產品的功效只稍微比海水強一點以後，該公司便同意賠償消費者共三十七萬五千美元的賠償金。委員會也阻止了該廠商宣稱未來維他命O液將有助於身體吸收更多的氧；因為一位FTC的委任律師指出：只有魚才能辦到這種事。

在英國，勤勉不懈的消費者權益捍衛者——消費者協會，目前已改名為「Which?」，他們現在仍然繼續監督那些因使用虛僞或不合理的推銷手法而常常得罪英國廣告標準局的公司。

Which?特別擔心保健相關產品無意義且口是心非的廣告宣傳手法——包括了富含維他命C、讓骨骼更健康、不含糖、增加專注力及有益心臟功能等。

舉例來說，Which?在它二〇〇四年三月刊的雜誌中曾經報導，某些植物油在行銷時標榜不含膽固醇，這使得他們的油看起來更健康、造成體重增加或心血管疾病的機率更低。由於搞了這樣的宣傳手法，Which?便認爲這些公司已經誤導消費者去相信其他品牌的油可能含有膽固醇；然而膽固醇是一種動物性產物，所以所有的植物油自然就不含膽固醇。這本雜誌還證實，一些標榜「不含人工防腐劑」的產品，實際上仍然加入了自然卻不健康的防腐劑，如鹽等。

到了二〇〇五年六月，Which?報導了一則消息——他們無法促使歐洲議會同意取締這類宣傳手法所需要的必然措施，這就代表內容物「每一百公克就含有足足四十七公克糖」的桂格早餐麥片「蜜糖泡芙」這類商品，可能將繼續被標榜爲「富有營養價值」。

這些只不過是「無麩質」、「有益牙齒」、「富含維他命」的冰山中的一角罷了。

其實我們眞正需要的是不含人工宣傳謊言的產品。

超有機的食品謊言

有機食品產業已帶來非常大的商機，這類商品的銷售額從一九九八年的不到四百萬英鎊，以三倍成長到二〇〇四年的一億一千六百萬英鎊，計畫到二〇〇七年將成長到一億六千萬英鎊。這已經變成一種行銷奇蹟，不過這類產品所衍生出的宣傳手法卻也應該受到嚴密監督。

往前追溯到一九九〇年代晚期，當時有機食品正以標榜比其他產品更可口、更營養且「更安全」等特點進行大力宣傳；時至今日，固定購買有機食品的民眾都會有一個以上的理由來多花（平均）63%的價格，以獲得印在他們豬肉排或洋薑上英國土壤協會所認可的有機標章認證。但很多人都相信，他們正屈服於一個大謊言之下。

我並沒有特別的理由去質疑有機食品產業的存在，也沒有被非有機的傳統農業團體給收買；我只不過是認爲所有關於有機食品的爭論已經充斥著許多半眞半假、誇大和扭曲的言論，因此幾乎不可能知道我們該相信什麼——進而知道我們該買些什麼。

在二〇〇〇年，英國廣告標準局便插手介入，以防止有機農業和英國土壤協會爲有機產品做出類似更好吃、更有營養價値或食用更安全等宣傳花招；它認爲根本沒有證據來支持這樣的論調。此外，目前根據英國土壤協會和英國食品標準局的說法，還是缺乏任何憑證。五年後在英國食品標準局局長約翰．克瑞伯斯的退休演說上，他質疑了非牟利的土壤協會之動機不明，他指出，土壤協會有許多會員根本就是以營利爲目的來推廣協會優點的有機畜養經營者。

自由民主黨的塔文納議員就相信購買有機產品的民眾都是「宣傳活動和詭計下的受害者」；他認爲人們在購買有機品時有巨大的壓力，他也認爲「懷疑有機農業的優點就等於質疑母性的美德」。

購買有機動物食品的好處，相關的語言文字特別會騙人；這幾年狡滑且巧妙的廣告手法已經慢慢給人一種觀念：那就是有關的動物一直都在享受漫長且愉悅的生活，並且滿足的在種滿花毛茛的草原上吃草。事實上，儘管有機畜養的動物必須有通往戶外的「門路」，但卻沒有任何適當的規定來處理關於動物應有的空間大小及牠們被放到室外的時間長短。住在許多商業有機農場裡的動物仍然擠滿於室內，雖然牠們也有機會被放到戶外的圍欄裡。許多動物保護組織認爲，在自由行動的畜養環境中，動物十分擁擠的生活在一起，大部分的動物從來沒有「踏到戶外去的機會」。到了二〇〇五年三月，廣告標準局便出面力挺兩項對抗土壤協會的控訴：那就是發放標榜關於有機農業「健康」和「更人道的對待動物」的宣傳品。

同時，針對有機食品的研究也持續進行中。一項針對老鼠的研究中發現，這些以有機蔬果飼養的老鼠比較纖細、睡得比較好，也有較健全的免疫系統。另外一個實驗則顯示有機牛奶具有較高的維他命E、Omega 3基本脂肪酸及抗氧化劑，這些都有助於對抗傳染病。不過有許多科學家，包括那些受僱於食品標準局的，都爲了那些宣傳手法爭論不休，並且認爲一般的食物仍然缺乏任何有關促進健康的確實證據。

不過，老鼠們還是得到了好消息。

＊　＊　＊

金錢不是一切

基於《讀者文摘》慷慨的諸公們盛情邀約，我似乎獲得一個可以賺取大把鈔票的大好機會——總額足足有二十五萬英鎊之多。在幾個月內，我收到一連串信件的猛攻，其中包含了上頭寫著「是」和「不是」的銀色追蹤碼標籤、一套金鑰匙、各式可黏貼式標籤，另外我也收到一封信上面寫著：「現在您擁有這套資訊，證明您將百分之百有機會成為獎金得主。」哎呀，我的天啊！

他們還寄給我一個令人印象深刻的「雙重決賽參賽者證書」，這證實了「貴賓贈品獎和二十五萬英鎊的得獎機會已經以『MR B H KING』的名字作為保留。」

通往這處寶藏的程序中包含了相當多的逐項核對、舌頭舔標籤……我承認，購買一本《讀者文摘》地圖；雖然我相信就算沒有購買這本地圖也不會影響到我贏得一小筆財富的好機會——但是我不能讓自己有任何的閃失。實際上，我是真的想要這本地圖的，因為它真的很好用。

之後的某天，我又收到另一封《讀者文摘》寄來的信，裡頭附了一個看起來像是支票的東西。不過在印有三十萬英鎊數字那一欄的底下卻有一行令人失望的附帶條件：「以公布得獎者姓名為前提。」然而，一封由彼得・布萊迪先生所寫的附帶信函上卻頗為鼓舞人心：

「以讀者文摘的財務部經理之身分，我計劃每月發放金額達數千英鎊的支票。根據我們的紀錄顯示，一張記名為 B H King 先生的獎金支票已經發放出去了。而這可能就要因為一份以您的姓名所做的個人聲明即將發放出去而有所改變。我想向您保證，您是一個十分珍貴的客户，我們會提供您每個獲獎的機會。」

另外，在下方一點的地方則寫著：

「只要接受我們即將提出的訂書報價，您將保證擁有贏得特別獎項和兑現三千英鎊紅利的機會。」

又一個訂書報價！在這件事的來龍去脈中令人驚訝的是，《讀者文摘》的目的居然是要賣書給我；我本來認爲他們只是想給我獎金，但爲什麼他們不直接來跟我說：「瞧瞧，我們已經印了一大堆這麼有趣的書籍而且還可以提供一個非常優惠的競爭價格。您想要買一本嗎？」這樣不是很簡單，又比較不虛僞嗎？

《讀者文摘》顯然是在打一個如意算盤：那就是一定有許多人會選擇購買書籍，因爲他們相信只要這麼做，就有機會贏得大張支票。有些人就是會被一些騙人的行爲、爲了推銷而無所不用其極的騙人招術給迷惑住，而他們卻還相信他們的「樣品」支票是眞的。在美國，有一位八十歲高齡的西雅圖老奶奶將她的手術日期延後，爲的就是要在家裡等候她夢想中的一千萬美金支票；而美國家庭出版公司則誘使十二位民眾飛越了大半個美國國土去領取不存在的上百萬美元獎金。

屢見不鮮的，人們都是現實詐欺手段的受害者。英國交易標準局的調查員表示，每年有高達六萬的人申訴說他們所接受的信件、電郵或簡訊中都是以比賽爲幌子的詐財行爲，裡面都是告知他們贏得獎金的消息。這些幸運的「得獎者」接著不是被騙走一筆錢，不然就是打出高費率的昂貴電話卻幾乎沒有任何收穫。頂多最好的情況，可能就是收到一張前往巴黎的車票，和超廉價的的相機作爲獎品，不過領獎者卻已經花了比獎品本身還昂貴的電話費和「手續費」。消費者的平均損失大約五十英鎊，但另外也有些人賠了好幾千英鎊。

星號及附屬細則

以最合適的觀點來描述商品、服務或特別的提議是廣告商的工作；沒有人期待有人會對消極或缺乏吸引力的商品特地投以關愛的眼光。我們都了解這一點，並且試著要以健康的懷疑態度去看待廣告。不過我們往往無法以健康的觀察角度去看待它們，尤其很少觀察其中的附屬細則。而魔鬼，如同他們所說的，就藏在細節之中。

舉例來說，維京航空所提的「臥房空間比貝爾公司（BA）的還大」宣傳手法遭到廣告標準局否決。原來，只有在指定航線中才可享受到較大的床位——實情果然藏在附屬細則中。

汽車展示廳會拿出整頁的報紙廣告，來展示一系列閃閃發亮的全新車款。在上頭碩大的紅字中，他們標榜「可提供」月付一百五十英鎊的誘人付費方式和免付訂金的優惠。就在跑一趟展示廳之後你會發現，儘管購車「可提供」這類的付費方式，但實際上，你所要購買的特定車款並沒有提供這樣的方案，如果買那輛車子，你就必須砸下二千英鎊的訂金。不過這樣的付費看起來還是很棒——一個月只要一百五十英鎊耶！是啊，沒錯；不過可有個高達八千英鎊的尾款，全部都寫在附屬細則中。在你簽下任何字以前，你必須先找出這行字才行。

英國的地方法院審理過許多案件都是被侵權的消費者發現：他們對瑕疵的車輛、劣等的做工或糟糕的假期求償的權利，都被合約中的附屬細則條款給否決了；假如條款看起來不合理的話，這些消費者有時還有贏的機會，不過獲勝的大半還是那些商人。

若回到一九八四年，我曾在旅遊保險中發現附屬細則，我當時或許可省下大麻煩，不用爲了不小心掉到愛特拿火山的高價眼鏡而提出理賠要求。我的保單既明確又嚴苛的拒絕了我的索賠，我在遺失眼鏡以前都還無法發現那個條款。

電話推銷大反擊

一種全新的詐騙招術所帶來的新災難終於在這個通訊時代中展開了——這就是電話推銷員。他們所打來的電話會縮短你非常需要的睡眠時間，把你從浴室拖出來，或者打斷你的家庭聚餐——當然，他們從來不會想要向你推銷東西。

我知道他們只不過是克盡職守，只不過是聽從命令罷了；但這些理由並沒有讓我們對他們持續不斷的打擾稍有好感。我常常在家工作，所以我很了解這些傢伙；他們不只是討厭鬼，他們還是騙子。他們照著事先就擬好的腳本，誘拐你去聆聽他們狡詐的話術。

他們一開始可能會說：「嗨，我的名字是約翰，我是代表波瓦特集團打來的。」其實他是從該集團子公司之一的史戴布萊特門窗公司那邊撥過來的，但他們並不想要太快讓你知道他們是想跟你推銷雙層玻璃的。或者又有可能他們一開始的話術是：「嗨，這只是一通拜訪電話。」但實情卻是相反。他們的電話完全是爲了商業目的而打的，不過卻沒有禮貌的向你坦承一切；所以你應該馬上要求他有禮貌一點，不要再打來你家打擾你，不然就是詢問他那邊的電話，然後請他們在你方便的時候再打來。

接下來告訴大家另一個擺脫玻璃電話推銷員的方法，那就是跟他們說你住在冰屋裡面；這個方法我曾在一個偶然的機會使用過，接著便是一片死寂的寧靜。然後我就聽到這位推銷員轉向對一個同事說：「他說他住在冰屋裡。」他回到線上然後問我：「您眞的住在冰屋裡嗎？」「你知道的，冰屋——沒有任何窗戶。」「沒有窗戶？」我接著便掛斷電話。

電話推銷員的伎倆之一就是向你保證他們並不是在推銷商品；他們會宣稱你曾經在某個地方填寫過他們問卷，並且邀請他們跟你連絡。這幾乎肯定是個謊言。或者他們會暗示你曾經填寫過他們的問卷。

電話推銷員必須遵從一種神聖的規則。因爲他們要和潛在客戶周旋越久越好，所以在任何情況下，他們都不能主動將話筒掛掉。我在這些電話害蟲身上獲得了重大的勝利，曾在下列的交戰中巧妙地獲得優勢。

推銷員：哈囉，我是代表便宜沒好貨汽車保險公司的電訪員……

我：抱歉，我很忙，我真的沒有時間做電訪。

推銷員：可是我並不是來向您推銷任何東西。

我：你不是？

推銷員：不是的。

我：那你打電話來做什麼。

推銷員：是要讓您在車險中省錢的。

我：所以你是要跟我推銷車險的嘍。

推銷員：是的，我們有信心我們汽車保險的費率比您目前所投保的公司更低。

我：所以你真的是要跟我賣汽車保險的。

推銷員：嗯，是的，可是……

我：可是你明明跟我說你不想跟我推銷任何東西的。

推銷員：沒錯，可是我們真的想要幫您省錢。

我：但你正在跟我推銷東西呢。

推銷員：是的，不過……

我：為什麼你還跟我說你不想跟我推銷任何東西呢？

推銷員（終於被惹毛了）：吼，我才沒空解釋。（猛力掛上電話）

結論就是，假如你住在英國，你可能會感謝擁有以下的小方法。經由網站與電話免干擾服務連絡，網址是 www.tpsonline.org.uk。依照他們簡單的指示來免費註冊你的電話號碼。根據英國的二〇〇三年「隱私與電子通訊條例」，未經同意便主動撥打行銷電話給任何個體，而該個體表明不願接收類似電話，則此行為便已觸法。所有電話行銷應在二十八天內停止。現在買這本書是不是感到物超所值呢？

推銷的謊言

這裡有幾件令人震驚的真人真事。

怪胎秀中長了鬍子的女人……其實是個男人。

盯著水晶球預測你未來且皺紋滿面的老太婆……就只是個長滿皺紋的老太婆。

世界上最高的男人……有可能是兩個男人。

十九世紀美國著名馬戲團表演者費尼爾司・泰勒・巴納姆偷偷利用這些賤招欺騙了美國大眾，並且從中撈了一筆。在一八三五年，他宣稱發現了一位當過黑奴的裘伊絲・海斯已經一百六十一歲，並且曾經當過喬治・華盛頓的護士之後，便引起了全國民眾的注意。後來當大家開始失去興趣以後，巴納姆便宣布說海斯其實根本不是人類，而是一部機器人。海斯最後終於還是過世了，巴納姆於是重新搬出他原先使用的故事，實地上演一齣解剖驗屍的戲碼來證明海斯的高壽；當醫生宣布海斯可能不超過八十歲時，情況完全產生反效果了。不過巴納姆一點也不在意，因爲他已經發了一筆財。

從事公關工作的馬克．波爾柯斯基已建立起一家成功的企業，其顧客群從英國塞爾弗瑞吉百貨、國際特赦組織到太陽馬戲團都有。但是他在事業初期便領悟到一點，那就是謊言一旦學會了，再紊亂的蜘蛛網都可織成華衣。於是當他在皇家史特拉佛德東戲院演出時便幹了這個好事。波爾柯斯基得到了他的英雄巴納姆的精髓，他在每週一次的新秀表演之夜中試著想要引起新聞界的興趣。

「我過去最喜歡做的事是臨時起義。」波爾柯斯基說明著，「我會打電話給一位記者，然後想到什麼就跟他講什麼。基於這個理由我就打給了當地的報社，然後告訴一位記者說我有一個很棒的新節目——狗狗表演。喔，是嗎。牠要表演什麼呢？嗯，牠……呃……踢躂舞。眞的？是的。牠要怎麼跳呢？小的鐵木屐——跟著『舊金山街道』這首歌的主旋律來跳。太妙了，我會送一個攝影師過來的。」

波爾柯斯基得儘快找到一隻狗——這對他來講並不成問題。於是他找來了一條狗叫裘絲，是英國一九七一年電影「公車上」中飾演奧莉薇一角的安娜·凱倫借他的，接著他又得到一雙狗用的踢躂舞鞋。《紐漢紀錄者》週報的攝影師則準時到場拍照；他所拍的照片被登上頭條。

不過波爾柯斯基卻無法預測這段故事將會被全國的報刊和ＢＢＣ電視台節目「那就是人生」所獲悉，每個人都想看這隻狗跳舞。「我當時惹上了麻煩，要是被發現我是在騙人的，那我的事業可就毀了。因此我打電話給《紐漢紀錄者》週報的記者，告訴他說那隻會跳踢躂舞的狗在溫米爾路被一部冷凍櫃卡車輾死了。於是這次的頭條便是『踢躂舞狗狗慘死』。」

但波爾柯斯基要如何為這一連串的謊言辯解呢？

「我並沒有試著去解釋，」他強調，「公關人員從不說謊的，我只是要讓事實再多些想像力；我不認為我在這一生中說過什麼謊。」

我認為他自己幾乎完全相信這樣的鬼話。

後來過了沒多久，溫米爾路的居民發起了一項運動來阻止載重物的車輛利用這條路來抄近路；他們走上街頭，手中揮舞的標語牌上面寫著：「今天是踢躂舞狗，明天就輪到孩童。」波爾柯斯基把這個事件視爲他「讓事實再多些想像力」的正當理由，他做假的踢躂舞狗救了孩子們的性命！

而同樣也是公關顧問的馬克思．克里佛，據我所知，他從未宣稱他的謊言可以救命，儘管他已爲客戶和自己賺進了金山銀山。克里佛的事蹟包括了經典的「佛萊迪．史塔爾把我的倉鼠吃了」，這個虛構的故事讓史塔爾這位原本事業走下坡的喜劇演員在一九八〇年代中期重新走紅。

克里佛曾被前托利黨內閣大臣大衛．梅勒形容爲「賤人中的賤人」，不過他至少還願意承認他和誠實之間還有點彈性空間。「謊話和騙術在公共關係中扮演一個重要的角色。」他是這麼說的。

眞是個誠實的騙子。

被推薦序抓包

另一個有創意的造假方式則可以從促銷書籍、電影和舞台秀的推薦序中發現。在書評家弗・漢尼軒的著作《稍微做假》中，她想起有一次她的推薦序言如同被引用在理查・坎普頓・米勒以平裝本發行的《到底誰是誰》封面上。根據報導她說：「人們一定會衝去買這本書的。」但是實際上她在書中所寫的卻是：「只有低能的人才會衝去買這本書。」

接著，在一月二日的出版日當天傳來一個消息，一位評論書籍向來都不太好聽的作家雖然給這本書的評價還是充滿藐視的意味，但至少還丟了一句話：「這是『我今年到目前爲止所看過最棒的書』。」當然，這本書封上沒有提到原本冷潮熱諷的文字。

即使是我——您忠實誠懇的好作家，仍不免有在促銷謊言中參一腳的原罪。提醒大家，我當時只有五歲。那是薄麥餅乾的報紙廣告，裱了框的複本至今仍緊緊掛在我書房的牆上。當時是一九五七年，我正在一個假期海濱露營的接力賽中衝刺，我手中握著接力棒，眼前看不清對手在什麼地方，而風吹拂過我的髮梢。「認識一下布萊恩・哈利・金恩，」聲音傳來，「這個強壯的薄麥小子吃的薄麥餅乾已經跟大人一樣多了。」根據我母親的說法，實際上的結局是：照片拍攝的時候我其實已經落後到最後一名。不過好在這個廣告沒有瞎掰說我已經一百六十歲了。

百貨公司的待宰羔羊

擁有二十多年廣告行銷資歷的德魯・艾瑞克・惠曼想要跟大家分享他多年來在美國廣告界所學到的經驗。「你想要知道讓今日高薪廣告專業人才爲客戶賺進大把鈔票的殺手級廣告、廣告冊和推銷信的箇中秘訣嗎？」他問道。

只要支付近三十元的運費，他就會寄給你一個附有四張CD的包裹和九十六頁的手冊，上面將告訴你所有讓人們「瘋狂購買」的訊息。這眞的很棒，但惠曼大師若不再提供行銷技巧，是不是就沒有人能夠教我們如何讓人們「瘋狂購買」呢？

過去好幾代的廣告商皆靈活的運用著他們半眞半假的話術和虛構的謊言，讓我們人類都變成購物機器。當然，每個廣告商的目的，主要是要讓我們選擇一項商品並放棄另一項商品——不過它仍然刺激消費者產生更多的購買慾望。

眞正的問題在於，爲什麼我們無法只把頭貼在窗外，然後說：「我們眞是瘋得可以，以後不會再買這個東西了？」因爲我們在很多的時候，完全沒注意到自己被下了什麼藥。

遠在一九〇八年，華特・狄爾・史考特在他的作品《廣告心理學》中就已經提倡了一個當時頗具爭議的觀點，那就是消費者對廣告的反應都是非理性的。他認爲，廣告爲了要達到效果，就必須針對消費者的理解力提供強烈的印象和吸引力，而不是針對他們的慾望和需求。

今天，華盛頓州立大學的心理學家理查・塔夫林格則提出一個觀點，他認爲，購買商品的行爲是受到心理的意識層面和潛意識層面的影響。

透過文字和影像的運用來呈現刺激，廣告可以用差不多與眞實事物同樣的方式來激起反應……如果一種廣告讓人覺得購買這個產品能促使人更加的有活力、繁殖力大增、資源收集更有效率、提高自尊、更加快樂、更具建設性或破壞力、更能懂得去回答問題、更能仿效出想獲得的能力或外表、更能幫助他人，那麼消費者就更有可能會去購買產品。

我們的原始本能就是謀生存，但繁殖的強烈需求卻也如影隨形。行銷的世界顯然就是要我們注意這一點，這就能解釋爲什麼幾乎每種想像得到的商品廣告，從傢俱亮光劑到火力強大的突擊步槍，都可以讓人把大量關於性的想法表現出來。

女孩向前屈身，曝露出深邃的乳溝，標題寫著：「她是黛比，她希望你能將這對用在車子上。」這個廣告其實是想要你對潤滑脂油槍感興趣，而且這型式剛好都可以握在雙手而已。

上述背後所蘊藏的心理學智慧是：藉由虛幻的激勵心態來展示女性，廣告商就可以將他們的商品與性愉悅聯想在一起。有65%的廣告印刷品，女性的嘴巴都張得開開的，她們的瞳孔以數位化影像放大來暗示激勵的內涵。理查・塔夫林格說，這會給男人一種「很好，可以試試看」的信號，讓他們能夠接受影像的直接和大膽，以及其中的廣告宣傳。男人是否眞的那麼容易就被操縱？問老天爺吧！

女性則擁有不同的生物本能，她們都在找尋可以供養後代的性伴侶。在廣告描述男人富有、有權勢且頭腦壯壯，通常可以吸引女性對產品產生興趣，尤其再加入一點浪漫更是如虎添翼。在激勵的初期搬出男人，實際上會有反效果，因爲女性會把這視爲侵犯和脅迫。然而男人呢？腦子裡卻只想著性。

有兩個男人穿越沙漠；一個打開手提箱，然後一個大型游泳池便開始充氣（並且裝滿水）。他們坐在游泳池邊，身旁又有一位穿著泳衣的美女餵他們喝啤酒；當另一個男人問她從哪裡來時，前面那一個男人便提起了他第二只手提箱。

這啤酒的廣告在暗示：男性的力量凌駕於女性之上；它還暗示著女性只不過是大型的玩具，其目的是爲了服侍男人。當然，這是一種狡詐的騙術、十足的謊言，而且也不尊重女性。暢飲啤酒並不能讓你吸引女性。現實，其實是相反的。

這則廣告以及其他數不清的類似廣告，都創造了一種幻象：迷人的女人就好像一種特別且免費的禮物，伴隨著每罐、每袋或每桶產品。而其他不同種類的商品廣告則給人快樂、受歡迎或無限的青春等承諾做爲禮物。唯一不變的事情，就是不論我們買什麼、以什麼價格買，免費的禮物絕不可能從天上掉下來。

或許比爾・希克斯說的對。

還有希望嗎？

有位ＢＢＣ第三電台的聽眾在網路上看到了一個海報，上面的宣傳標語寫著「每晚的現場音樂會」。於是她打開廣播收聽，接著便沮喪的發現：事實上，廣播所播放的是事先錄好的現場音樂會，於是乎她向廣告標準局投訴。ＢＢＣ在抗辯中強調，所謂的現場音樂，通常大家都知道是指現場錄音的音樂，而不是在錄音室中進行商業錄音的音樂。

依我來看，這簡直就像是編一個謊言來圓一個謊。至少，ＢＢＣ也虛偽的佯稱，播放現場音樂會和播放現場音樂會的錄音並沒有什麼差別。而廣告標準局則命令ＢＢＣ對海報內容做調整。

廣告標準局應該是站在消費者與廣告和行銷的騙術及謊言對抗的最前線，但是根據消費者協會Which?的說法，在許多情況下，廣告標準局所提供的保護實在太少，而且又顯得虛弱無能。

Which?對於許多廣告案例毫無節制且不正確的結果表示無奈，希望廣告標準局多加注意。比方說，價格調降的航空公司 EasyJet 在廣告中誇耀他們的航程在一段有限的時間內免稅，但卻隻字不提關於目的地國家仍會課稅的部分。Which?表示：「EasyJet 首先在二〇〇三年設下這齣騙局，而當我們提出申訴後，廣告標準局也認為他們是在誤導民眾。於是他們非正式的要求 EasyJet 公司不准再傳播這個廣告。而隔年 EasyJet 卻又端出幾乎一模一樣的廣告出來。」

Which?指出，廣告標準局是藉由輿論和勸說來辦事的——假如廣告商持續違反規則，它也沒有進一步的辦法來解決。它可以要求發行的公司拒收這樣的廣告；它可以要求檢查修正過後的廣告；它也可以要求商業團體驅逐這樣的公司，但它就是不能取締廣告或祭出罰金。

直到更嚴謹的法律、更有力的管理者和監督單位出現以前，我們都得繼續在廣告和行銷業屢見不鮮的騙術和謊言所給予的恩賜中度日。

不過還是有希望的。還是有公司準備要做到誠實，不然至少也將對產品的宣傳花招有所克制。

Chapter 5

生意罷了

◆ 當全天下都心照不宣的不想再說真話時，謊言就不再是謊言了。

——亨利・泰勒爵士

生意罷了

在商業的世界中，誠實鮮少為上上之策。

英國頂尖企業家傑拉爾·拉特納早在一九九一年便得到教訓；當時他在英國管理者學會的一場中午餐敘後告訴別人：他公司一對價值九十九便士的耳環，比瑪莎百貨的三明治還便宜。

接下來，他便開始解釋，這個由他父親創立的拉特納珠寶帝國能夠以四·九五英鎊的高價賣出一組含有一個醒酒瓶和六只白蘭地杯的商品，是因爲這些東西「全是些爛貨」。拉特納終於爲他的坦率直言付出慘痛的代價；被拉特納激怒的顧客們聯合抵制他在大街上的全部店鋪，公司資產估計損失五百萬英鎊。最後他便黯然下臺。

拉特納在一九八〇年代初期接管家族企業的時候，因爲作風腳踏實而迅速建立起不錯的聲譽，可惜他後來贊同了電影「華爾街」中的高登·蓋科，這個無恥金融家所說的名言：

「重點是，女士們先生們，貪婪——沒有比這更好的詞了——貪婪是好的；貪婪是對的；貪婪是有用的。
貪婪能夠淨化、克服並獲得進化精神的精髓。」

高登・蓋科代表著一種廣泛的觀點：生意人都是無情的機會主義者，他們會無所不用其極的運用各種方式——欺騙、謊言、詐取——來獲得他們想要的東西；一個成功的生意人永遠不會主動坦承他們的產品是爛貨，這就讓我想到了史考特・亞當斯這位美國的幽默作家（卡通人物呆伯特的創造者），他將企業經理人放在他「十惡」名單中的首位，正好排在第二名的行銷人員和第三名的撒旦前面。他認爲經理人主要負責將三種商品導入市場，那就是比較好的爛貨、名符其實的爛貨和爛貨中的爛貨。

這種苛刻、以利益爲導向的主要原則，不可將錢和道德混爲一談；生意人的道德觀念在語法上是一種矛盾的說法——也就是一種反義詞；也就是說在商業上是沒有任何顧忌、道義或懦弱的餘地。

我並不是認定每個人在商場上都是無情、手腳不乾淨、心腸歹毒的騙子。舉一個例子，媒體大亨魯伯特．梅鐸看起來像是一個非常好的傢伙；但基本上，成功的商人並不是靠滿嘴的謊言才「爬到今天的地位」。油腔滑調的廣告與行銷人員只不過是商業詐欺世界中的小卒子而已；坐在會議室和私人客機，下達那些足以對員工、股東和個人存款餘額產生戲劇性影響之決策的將軍們，是他們創造出這虛僞邪惡的環境的。

我們立即可見一些商業大謊言的潛在後果，但我們必須先承認自己在充滿騙術的商業世界中所扮演的角色——我們不只是受害者而已；我們都是以自己方式辦事的生意人，爲了餬口可以不惜一切手段。每當我們購買或售出東西、在餐廳付飯錢、退回瑕疵品、商討薪資或加薪、申請貸款、招聘清潔女工、依保單申請理賠等等，我們都進入了商業活動中。即使是和家人相處應對時，我們也不免出現類似商業般的談判行爲：「假如你能夠安靜個半小時，我就給你吃冰淇淋。」「十五分鐘如何？爸爸。」另外，幾乎所有零售業的原則都在路邊的清倉大拍賣中上演。

買家：全部的一萬四千片拼圖都在這裡面嗎？

賣家：噢，是的。
買家：那個醒酒杯和六只白蘭地杯呢？
賣家：最優的頂級水晶玻璃做的。
買家：遙控汽車有沒有保證書啊？
賣家：如果故障了任何時間都可以拿過來。我都會在這裡。

生活中無不充滿著「一點商業性質」，我們扮演著猶如冒牌生意人一樣的角色，這使我們墮落的做出欺騙和齷齪的行爲。就好像傑拉爾・拉特納因爲誠實而賠了整個珠寶帝國一樣，它也有可能會危害我們的最大利益，相信我們應該都看得到。

就是愛騙人

虛僞商業世界中，很少有比房地產市場更讓人緊張、更有風險。買賣房屋總是逃不開說謊，而且謊言的規模往往大到嚇死人。我們每個人都在其中——不論身分是買家、賣家、房地產仲介、房貸業者、鑑定員或推銷員等。沒有例外，我們都有罪。你曾賣過房子嗎？當你被問到房子溼氣、車輛噪音和鄰居的問題時，你的回答是否誠實呢？

往往謊言和騙術會採取的方式，就是針對事實做出超有創意的解釋——就如同房地產經紀的信口胡謅一樣。

風格獨特、如夢幻般寬敞的四房花園住宅，

同時毗鄰交通網絡，生活機能佳。

其實這是一間狹小、只有三間房的房子（另外再加上儲藏室），有一個室外廁所；房子夾在高速公路和鐵路線中間，距離最近的商店約有半英哩遠。喔，不但如此，它還快垮下來了。

這類誤導消費者的詐欺手段，終於在「一九九一年房地產錯誤描述法」（1991 Property Misdescription Act）中獲得了遏止。舉例來說，假如有一條公有路穿越過住宅用地，但業者卻宣稱該住宅有私人花園，該法案則可以遏止這類情事發生。但是法案並沒有讓這傳統的誇大語言消失；消費者現在還是可以看到這類容易產生誤導的住宅促銷介紹：

- 所謂「好整理的花園」，指的就是實際面積很小，且只放了幾個花盆的院子。
- 所謂「靜謐的地點」，指的就是它位在荒地的中央。
- 所謂「緊鄰學校」，意思就是你將斷斷續續聽到運動場可恨的噪音。
- 所謂「接近高速公路進出口」，指的就是它位在交流道的下方。
- 所謂「迷人」，意思就是很小。
- 所謂「小巧」，指的還是很小。
- 所謂「小而美」，意思當然是很小。
- 所謂「愜意悠哉」，指的是小而美的優點減半。
- 所謂「小套房」，意思就是不論你洗碗、看電視或應門都不用離開馬桶。

爲了避免讓你失望，並非所有的房地產仲介在銷售房子時都會拼命利用好聽的話來掩飾住宅的缺點。

陳舊的老房子——位在時髦的倫敦雀爾喜區，因為建築上的趣味性而保存下來，但實情只有老天爺才知道。準備給有耐心又富有的您，而裡面將會隔出三間房間……後方可怕的一片雜草和堆滿垃圾的廢土可整理出美麗的花園。也許吧！

不管你信不信，這眞的是一個房地產仲介在一九六〇年代中所做的廣告宣傳。

房地產市場的謊言有許多型態。在二〇〇三年十月，BBC的「金錢節目」揭露，有許多房貸業者實際上鼓勵購屋者去誇大他們的收入，以便申請更多貸款。

在二〇〇五年二月，房地產仲介公司「Spicerhaart」在依據「房地產錯誤描述法」承認六項罪狀後，即被處以九千英鎊的罰款。他們在倫敦西區的一家分公司實行了一種「飛吧！租售板」策略——將同業仲介公司寫著「已售出」的租售板偷偷移走，然後再換成他們自己的。也有房地產仲介公司在尚未出售的房屋前放置「已售出」的租售板，而被處以三千英鎊的罰款。某家公司的兩位經理和一位員工承認他們將租售的牌子架在他們銷售的房屋前面以增加業績，更讓人氣結的，是他們的辯護律師居然還宣稱「在未售出的房屋放置租售板，是許多房屋仲介都會使用的技巧」。

購屋一般被認爲是帶給人最多壓迫感的事情，其程度並不亞於喪親或離婚。

所有權人只有一個

繼購屋之後，第二大宗的購買物品便是車子。在這裡，我們又將進入口是心非的世界。你是否曾私下與車廠以賣出或以物易物的方式交易車輛？你是否有提到一、兩年前發生的小車禍、車速超過五十英哩時會發出的爆裂聲、或者門偶爾會故障嗎？在談價錢時，關於準備收取或支付的價格，你完全誠實嗎？

不論如何，汽車業務是一種特別的行業——不管是二手車市場或全新車款；這些人在進行幾乎鐵定會讓他們賺進暴利的交易買賣時，都會跟你說：「我是賠本賣出的。」每輛二手車過去都只被親切的老淑女開過，她不是開車上教堂不然就是回家。澳洲的汽車業務員甚至建立起他們特有的一套有趣的語言，至少某種程度上它看起來就像一種行話，其目的就是爲了不讓潛在買家知道他們銷售手法的秘密。

舉例來說，日本車被譏笑爲「燒米的車」（Rice Burner，暗諷日本車載重差又不會跑）；羊皮的坐墊外套則稱「鷸鴕皮內裝」（Kiwi pack）；「窮酸配備」則代表一台車什麼加附品都沒有；「水肥車」是指一部爛車；「快速玻璃」是指電動窗；「剪頭髮」意即爲當里程錶被歸零時。消費者則被稱爲「頭」——「腐臭的頭」或「腐敗的肉排」，指的是信用差的客戶；「把頭燒了」是形容業務員惹毛顧客的情況；「木頭鴨」則是暗喻顧客不懂討價還價，就像坐著不動的鴨子一樣。

類似的語言早在美國汽車業務員間建立起來；打不定主意的買家通常被稱爲「松鼠」；「怪咖」是指只看卻從不買的人；「中風」是浪費你時間的人。

一旦你買下車子以後，事情可就變得不再那麼簡單。

過去這些年來，消費者協會Which?發現了各式各樣關於車廠服務的謊言，其中包括了基本安全檢查例行程序上的疏忽、沒做項目卻要收費，或非必要的維修等等。據估計，每年英國開車族共砸了超過十億英鎊對車輛做一些粗糙或不必要的相關處理事宜。二〇〇四年時，Which?登記了四十八輛車子進廠做全套服務，但在報告中指出，其中約有四分之一的車廠將部分零件替換了，例如：汽車濾清器和火星塞，而這些原本是不必要更換的。其他的車廠則沒有完成煞車和齒輪箱油位等基本的檢查。

Which?還透露，車廠欺騙女性的機率大於男性；一項政府研究指出，車廠未經車主同意便進行車輛服務項目，發生在女性車主身上的機率較男性車主高了兩倍之多——而那些連鎖保養中心對女性的收費卻比男性高出50％。

沒錯，這是男性的世界；很顯然的，所有最不誠實的事都在這裡。

管理者就應該說管理者的話

就像汽車業務員和房屋仲介一樣，一般的商業世界已經建立出本身的語言——那就是管理表達；這是個有關「縮減開支」、「典範轉移」、「授權」、「快速跟進」等話術的語言。

比方說，這本書可能在管理表達方面會被形容成「在當代知識的尖端上跳脫藩籬地去思考，推開觀念的外層並針對相關問題採取宏觀的觀察角度」。換句話說，就是一本不值幾個錢的東西。

澳洲作家唐．華森並不喜歡管理表達，特別是它從商業世界擴張到了日常生活裡，他將這類語言形容成一種人權的濫用，進而導致人們喪失判斷力、固有文化以及自身的語言方式。華森告誡大家，這種語言將會把大家帶到「全球化的灰暗死亡之中」。

這個說法是有點激烈。但我個人認爲管理表達非常的好，它往往產生相當靈巧且令人發笑的特性；不過，它也可能在不當方式或不當環境的使用下，導致意思混淆不清。

當一家公司答應會在「第一時間內」對你的怨言和請求做處理時，它並不會承諾你任何事情。史考特．亞當斯認爲商業世界中最棒的謊言就是「我會再跟你說」。在他創造的呆伯特連環漫畫中，經理人淨是那種否認對客戶說謊、喜歡將欺瞞美名爲「非完全公開」、或告訴員工加班不再是「強制的」而是「必須的」等屁話的人。

幾年前任職於美國公司矽谷繪圖科技的科學家湯姆．戴維斯，他發明了一個對抗術語的好方法；這個叫做「術語賓果遊戲」（Buzzword Bingo）的觀念便是，當你在參加無聊的會議時，將寫有各種管理關鍵字和句子的卡片分配給同事們；這裡舉例說明：

授權	建立關係網絡	跳脫藩籬地思考	盡更大的努力	結束
成本至上	具多重任務	槓桿效率	展望	目標導向
快速跟進	**賓果**	唱同一本勝歌本的歌	不清楚狀況	以顧客爲主
尖端	約略預估	創造平等競爭環境	典範轉移	改變目標定位

每個人劃掉在會議中被使用過的相關文字或言論。第一個完成一行或整張卡片後喊「賓果」的人就是贏家。術語卡便是用許多組合方式來結合所有你最愛的管理表達，繼續玩下去吧，你知道你就是想這麼做。

卑劣的進取心

許多人都有相當審慎的事業企圖心，也懂得「做一天和尚，敲一天鐘」的道理。不過有些人則要的更多，他們希望能夠完成任務，達成自己的某項目標，成爲人上人，在歷史上留下足跡——不然至少也要比隔壁的老王賺更多錢，跟他一樣買一台保時捷、去杜拜度假、裝一台電漿電視過過癮……

為了達成諸項目標，我們必須開始無所不用其極地圓滑和奉承；當然，我們可能不需藉由誇大自己的能力、邀他人之功為己功、說謊或詐取來獲得進展，但做起來卻很困難。切記，一旦你選擇了這條路，你就要竭盡心力讓自己與其他野心勃勃的競爭者搏殺。或許你會想要公平競爭，但其他人也這樣想嗎？你會發現自己別無選擇；你必須完成所有你該做到的事情。

成功的第一步便是找一個像樣的工作。有非常多人採取英國前政治家兼作家傑弗瑞・亞契的技巧，謊稱自己的實力。在履歷表上多些點綴可以帶給你奇妙的功效。亞契在他的履歷中吹噓他有「威靈頓、牛津、桑赫斯特、柏克萊」等大學院校學歷。不過他並沒有清楚的指明他所就讀的是薩莫塞特的威靈頓學院，而不是柏克郡的威靈頓學院，而他所指的「牛津」只是一種「學位教師教育文憑課程」，他所說的那些名校他都不具錄取資格，因此他從沒有獲得過他所謊稱的這些學位。

這位暢銷小說家在一九九九年被選為保守黨的倫敦市長候選人之前，在一場訪談中被質疑是否真有造假的行為。

主持人大衛・弗洛斯特：你可以澄清一下，你只有，你從來都沒有通過三個高級程度的考試，而你還……

傑佛瑞・亞契：當我在多佛學院任教的時候，和藹的院長認為我如果想繼續教書，那麼我就應該去拿個教育文憑，因此我就去牛津拿了一張令我非常自豪的文憑；我的確在牛津有拿過教育學位證書。

大衛・弗洛斯特：在牛津這方面來看，事實上你留在牛津和多佛學院的履歷中，曾寫明你在英文、歷史和地理各方面都通過高級程度的考試認證，另外你在多佛名冊中的姓名後方還可以看到你曾獲得理學士學位，而這些東西都是怎麼來的？

傑佛瑞・亞契：我不知道，那是錯的。我只有在牛津拿過教育文憑，其他就沒有了。

大衛・弗洛斯特：那會是誰把這寫進你的學經歷中？

傑佛瑞・亞契：我也不知道。

大衛・弗洛斯特：所以這份履歷是其他人寫的囉？

傑佛瑞・亞契：不，不是的……我可能弄錯了。我常常會犯一些錯誤，其實大家都會。但假如你認為這樣的職務只有聖人能夠勝任的話，那我鐵定不是你心目中的人選。

這段話似乎意味著：除非你祈求得到聖人的節操，不然就乖乖對你未來的雇主說謊。因此讓我們繼續說謊下去！運氣好一點，你的謊言永遠不會被戳破；假如成功的話，你永遠都可以大聲說話了。

這類的例子不下少數。英國MORI調查公司在幾年前曾揭發一個現象，那就是估計英國勞動人口中有25%的人在應徵工作的時候曾經欺騙過他們的潛在雇主；他們的謊言從虛構個人技術和才能的相關細節到誇大經歷和薪資等，無所不包。有3%的人則對自己的犯罪紀錄說謊；另外，還有47%的人瞎掰自己的休閒活動，以及18%接受面試的人認爲誇大自己的履歷是必要的。

心理學家麗茲．瓦利和麥克．史密在共同著作《選擇性欺騙》（Deception in Selection）中認爲履歷詐騙行爲越來越多，這完全是因爲「人們相信其他人都在幹這種事」。

一旦你美化過的履歷表被接受了，下一個能夠讓你去誇大和加油添醋的絕佳機會便是在面試的時候。在這種情境下，實話實說很少達到良好的效果。

面試官：你在橡膠鑄模方面有足夠的經驗嗎？

應試者：是的，非常多。

面試官：你可以向我們舉個例嗎？

應試者：我之前就訂閱了《橡膠鑄模週刊》，而我每天睡醒後想的就是關於橡膠鑄模的東西。

面試官：你憑什麼認為我們該任用你？

應試者：因為我可以將橡膠鑄模帶到一個全新且想像不到的境界；我可以讓橡膠鑄模業的幅員變得更寬廣。我天生就適合幹橡膠鑄模業。

我們都曾幹過這個勾當。

一旦在商業世界的任何分支中獲得任何一種權力，你一定會不留情面地保護著它，不管是必要、公平或卑劣的手段。當你以自己的方式爬上事業的階梯，並且獲得管理人的責任能力時，竊他人之構想成就自己——你將更有機會提升自己的地位。

幾百年來不變的一件事，就是領導者老是拿屬下的心血當作是自己的功績。譬如說，大家都知道有些大師們的名畫實際上是出自學徒們之手筆。

另一種在商場緊張的競爭中脫穎而出的方法，便是澆熄其他人超越我們的企圖心。就算是最缺乏想像的中階主管，一般也會針對幹勁十足的後起之秀百般阻撓，以阻止他們爬到頭上來。假如一個潛在性對手可能獲得升遷，在耳邊偷講一點精細的謊言應該就能搞定一切。假如這自大傲慢的人準備要到同業去幹大事業，你也有兩種不同的選擇：若你不想再看到他，在他的推薦信中誇大他的才能；若你希望他依然在你淫威下苟延殘喘，盡量提一些上班不認眞或缺乏進取心的理由，應該就可達到不錯的效果。

商業謊言

「當全天下都心照不宣地不想再說眞話時，謊言就不再是謊言了。」這個由十九世紀詩人兼政治家的亨利·泰勒爵士所做的陳述，似乎相當適用於許多商業情境。謊言，是獲得並維持企業力量及影響力不可或缺的因素；它也是一般商業方法論中重要的一環。

一九六八年的《哈佛商業評論》中有一篇著名的文章，是由艾伯特．卡爾寫的：

「有時大部分的主管們在公司或個人的利益前提下，不得不利用某種形式的謊言來和客戶、同業、工會、政府官員或甚至是該公司其他部門接洽；藉由對相關事實蓄意的謊報、隱瞞，或誇大……他們試圖要讓對方同意他們的看法。」

卡爾認爲主管若是傻傻的說實話將會對他們的商業往來產生不利的影響；他相信這種普遍的不誠實——或他口中常說的「唬爛」——是各種程度的企業生態，不論最高或最低的階層都會玩的把戲。

當公司剛剛成立時，確實有相當多的「唬爛」能派上用場。早在一九七〇年代初期，我就有一位大學老朋友申請了巨額貸款去搞一個公關公司。他租了一個非常小的辦公室，買了台二手打字機和傳眞機，甚至砸下剩餘的錢去買一台跑車；「你必須給人一個不錯的印象，」他解釋著，「假如那些人認爲我很潦倒或窮酸，就不會想讓我代表他們了。」這樣講倒是合情合理，儘管我偶然間知道他早在計畫作生意之前就想要一台跑車了。不管怎樣，這招似乎見效了，他最後還是賺進大把鈔票，使他後半輩子的生活足以升級到豪華跑車般的境界。

到了今天，說謊對於小公司要爭取大案子，比以往來得更重要。其中一種花招就是在公司裝一台電話答錄機，列出部門名稱來讓對方做選擇。不管他最終選擇了哪一個部門，電話當然都會傳到你那邊去——管他是董事長、總經理、業務經理、行銷經理、主廚或清潔工。試問有誰能不對這家公司印象深刻？

當美國賓夕法尼亞州的匹茲堡塑膠公司總裁吉姆・佐納剛開始創設公司的時候，就曾建立一套策略將他們的鞋墊賣給零售商。他安排某人去一家店，並問他們是否有賣「Gel-Soles」的鞋墊；兩天之後，他再派另一個人去重複同樣的動作。過了幾天，他就打電話到商店去詢問店員是否想要販售他們的產品。「接著店家就叫我們趕緊送貨過去。」佐納回憶著。這眞是個簡單又有效的騙術。

一點小小騙術就能幫助你成立一家公司，但相對的，太多實話就可能讓你一蹶不振。美國商業雜誌《Inc》中曾經刊載一篇年度發展最快之私人企業名單。名單中有家不具名企業的總裁，他表示他已經學會了不要向客戶洩露太多；「有一次我決定老實跟員工報告公司不穩定的財務狀況，」他如此回想著，「我集合所有員工，當面跟他們說：『瞧，我們正分發薪資支票，但公司破產了。假如你們一定要拿支票去兌現的話，我能理解；不過我們公司目前的財務狀況如此吃緊，可以請大家暫緩一個禮拜將支票兌現嗎？』結果當天四十名員工全部衝去銀行。」他說，之後他就幾乎不曾說實話了。

摔得更重

謊言和騙局可以讓你在商場上有好的開始，讓你攀上枝頭，助你一臂之力；但它們也可以讓你垮下去。過去幾年來，一些商界中的龍頭企業摔得很慘，他們在商業上的不法行徑完全在法庭上曝了光。

二〇〇五年四月，澳洲氣焰最盛的企業家羅德尼．亞德勒就因爲在澳洲興業保險公司股票暴跌的事件中進行詐欺行爲，被判處四年半的有期徒刑，而他在該公司曾擔任過經理一職。

亞德勒在許多罪證指控下認罪，其中包括虛構不實言論來誘導他人購買興業公司股票、從興業公司騙取數百萬元美金以投注另一家自己擁有股份的公司。主審法官認為亞德勒的罪行已經表現出「一種嚴重缺乏商業道德的低劣行徑」。

亞德勒則強調，某些他所認罪的指控就好像在商場上違規被開罰單一樣，沒什麼大不了的。「為什麼我該坐牢？理由何在？」他質疑。不過法官認為弗德的罪行「並非一時糊塗判斷錯誤，而是蓄意詐騙」。在他判刑之後，亞德勒才開始懊悔並且承認：「我當過興業公司的經理而我卻欺騙了別人，說謊就理應受到懲罰。」

幾年前，健力士飲料公司的前總裁厄尼斯特・桑德斯在公司對於同業迪斯提樂公司高達二百六十億英鎊的收購出價期間，參與了一宗股票詐欺案件而被判處五年有期徒刑。之後經過上訴，他的刑期獲得減半，但他和其他遭到指控的公司經理卻被認為等同於「藐視眞理和誠實的普世價值」。

桑德斯在服刑十個月之後便被釋放出獄，因為當時醫師們診斷出他已罹患了無藥可救的「老年癡呆症」。在被釋放之後，桑德斯奇蹟似的迅速回復健康，並且重新投入工作，成為了一名商業顧問。他的新客戶希望能從他身上學到什麼呢？

在企業界中詐欺和貪污的事件似乎層出不窮，被爆料的相關消息越來越多。高等法院的案件堆積如山，甚至還有政治力介入，企圖結束複雜案件中的陪審團配置。到底是怎麼一回事？

要在異常的商業環境求生存，就必須要有強硬甚至無情的方法。企業家傑拉爾·拉特納羅馬帝國般的類似精神——殺了任何擋你路的人——讓我們了解了一些心態。大部分的生意人碰到瓶頸時，他們會猶豫要不要趕盡殺絕，而些許的謊言和騙局似乎只是維護公司和所有股東利益的小代價。

不過就如同桑德斯所說的，刑事罪名和囚禁並不會讓商場上的事業結束。美國身價上億的生活大師瑪莎·史都華因爲內線交易被判刑，卻只當了五個月階下囚便出獄；在審判期間她被冠上騙徒的臭名，全美的電視網因她的醜聞產生震撼，馬上就爲她開了兩個新節目。她公司的股票市值開始飛快上揚；於是瑪莎的星運又再一次地往上攀升。

也許生意和道德不能混爲一談，因爲根本沒必要。

充滿想像力

你不必一定要成爲一家公司的總裁或經理才能讓戶頭輕鬆地賺入億萬鈔票。從事私人秘書工作的喬依蒂・德・勞瑞就認爲她老闆所賺的財富理應分一份給她；於是在短短的十五個月內，她便僞造老闆的簽名，偷偷盜走了四百三十萬英鎊，之後這筆錢被她拿來在希臘買了一棟豪華別墅、頂級名車、一艘快艇、鑽石、飛行課程和名牌服飾。德・勞瑞爲了博取同情心，還曾跟她的僱主謊稱說她得了癌症，另外她還向南華克刑事法庭辯稱說她覺得有權爲自己的「非必要性服務」來爭取那些錢，而這些服務其中包括了替某位銀行家的婚外情保守秘密。

二〇〇四年六月，親手判處德・勞瑞七年有期徒刑的法官，形容這名女子「滿口胡言、善於欺騙、完全不誠實」。她的婆婆則表示：「一開始你還不知道原來她過去騙過人；直到好一陣子，你摸清她的底細後，你便會辨識這些謊言，就像挑揀糖果一樣。她說的那些無傷大雅的謊話，眞是充滿創意！我不認爲她知道自己正在說謊。」

當然，我們大部分的人都能分辨眞話和謊言，也從來不會想褻瀆眞相和誠實的普世價值。我們從來不會誇大自己的能力、盜取不義之財或竊取別人的心血等；我們都很完美，不是嗎？而中間那個「盜取不義之財」又是怎麼一回事呢？

實情眞是令人覺得該死。根據二〇〇三年進行的一項研究指出，有五分之一的英國上班族承認會挪用公款，每月花費了公司數百萬英鎊。假如五分之一的英國人承認幹過這樣的事，那麼實際上幹過的人到底有多少呢？只因爲這樣做沒關係是嗎？就像在履歷表中說謊一樣，每個人都在幹同樣的勾當，不是嗎？

普坦斯人力仲介公司對五百名上班族做過一項研究，報告中指出：「僞造帳目」最常見的名目之一便是虛報油資；有將近75%的人承認他們會在支出申請單上增加里程數。另外將個人吃喝的費用以客戶餐旅費的名義報領則佔第二位，約有40%的人這麼做。十分之一的人則坦承曾經提交過造假的收據，8%的人則會拿計程車錢報公帳。

普坦斯的經理珍納．麥葛勞林認爲：「挪用公款對於員工來說是一種合情合理的誘惑；而我們的調查結果則顯示，這在國內是個很普遍的現象。」

挪用公款是一種合情合理的誘惑！喔，假如眞是如此，那麼許多人自然而然想做出的詐騙行爲可就不只這一項了。

Chapter 6

讀我的唇

◆ 最初是誰將說謊變成一種藝術，是誰將謊言加進政治，這在歷史上已不可考了，儘管我費盡心力想要得到答案。

——強納森・史威福特

讀我的唇

大衛・弗洛斯特：首相先生，在所有民意調查中您的支持度降到谷底。有一項調查指出，您是近代歷史上最不受歡迎的政府首長——即使是在內閣閣員中亦是。您的夫人曾聲稱她會投票給綠黨；另外如同我們所說的，反對黨主席正在替唐寧街10號的首相官邸窗戶丈量訂做窗簾。你真的會在大選中落敗嗎？

首相：一點也不，弗洛斯特先生。基於最高的敬意，在這個階段裡我反而希望在民意調查中落後。我的低支持率讓我可以成為一位堅強且高效率的領導者；我的夫人戰術性的投給對方是因為要確保我們能夠獲得壓倒性的勝利，而反對黨的主席其實是在替我們洗窗子，而不是量窗子。此時此刻我很有信心，非常感謝你。

這一段交談總結了大家對政客的印象——以一擋百的回答，以及信口雌黃的本領，真相很容易就變成一種變化無常的東西，有時還會完全消失不見。

政治謊言會穿戴許多不同顏色的花形飾物，而政客就像是擅於模糊焦點、掩飾和改寫歷史的藝術家；他們靠自己斷章取義的才能與記者鬥法，巧妙地，但有時卻又不太巧妙地改變原意。升高的失業率、通貨膨脹和犯罪率——所有糟糕的狀況都可以用正面的見解去看待，並且充分給予解讀和看法。這種政治謊言通常在選舉期間特別顯而易見。

靠著謊言贏得選戰

麥可・豪爾和他的保守黨同僚之前並未獲准在下議院說出這段話，不過到了二〇〇五年大選，可就沒有任何東西能阻止他們；他們異口同聲的指稱，首相東尼・布萊爾是個行徑卑劣的騙子。

他們與參政二十七年的工黨國會議員布萊恩・塞奇默共同發出譴責；塞奇默剛好就在投票日前一週左右背叛了自由民主黨，並譴責布萊爾在伊拉克議題上說出「令人反胃的謊言」。而他的新政黨卻諷刺地抗拒這種同志語言的誘惑。而自由民主黨前黨主席查爾斯・甘迺迪可能有想過，但卻也未曾說出來。

布萊爾在大選選戰中花了大半的時間去回應在戰爭合法性方面，他對國會和全國說謊的事情。他向記者逐一說明，雖然質疑他出兵參戰的政治判斷力的行為是合法的，但是對他的清白有所懷疑，卻是有失公平。他強調，自己從未說過謊。

歷史或許會在這一段亂扣他帽子，但你不能怪保守黨做出這樣的嘗試。或許他們搞錯一點，以為大家多少都對一個政治人物連基本的誠實都做不到而感到驚訝。

最後，或許麥可・豪爾屢次抨擊布萊爾是個騙子的言論為他帶來反效果。就如同我們認為政治人物大部分的時間都在說謊，當一個政治人物指稱另外一個說謊時，那多半是在五十步笑百步。

一個不肯承認自己吃了巧克力餅乾的三歲小孩，和一個否認自己收賄質詢、與妓女上床、或為達目的而不擇手段的政客，在行為上有什麼分別呢？我們的天性是要讓我們從行為所造成的結果倖免於難；否認的行為從遺傳學來看是不需學習的。當一個政客抵賴某事時，我們應該在他的嘴邊和指間找找看有沒有洩密的巧克力碎屑。

當然，政治謊言不只有否認而已，它們也可能和假承諾、不實的指控、圓謊的統計資料和大規模毀滅性武器有關；政治謊言不是最近才有的現象，早在十八世紀初期詩人強納森・史威福特就曾觀察過：

「儘管謊言是惡魔所創造的，但惡魔似乎就像優秀的造物者一樣，屢屢獲得進展。最初是誰將說謊變成一種藝術，是誰將謊言加進政治，這在歷史上已不可考了，儘管我費盡心力想要得到答案。」

布萊爾在二〇〇五年英國大選時碰到一個大問題，他的財政大臣似乎認定他是一個騙子：

「你向來對我都無可奉告，以至於我現在什麼都不相信。」

就好像你期望一個妻子跟她通姦的丈夫講話一樣，而實際上也沒有太大的差別。這些都是《英國週日電訊報》的編輯羅伯・普瑞斯頓在《布朗的英國》一書所揭發的秘辛中，由高登・布朗對他的政治搭檔布萊爾所說的話。布朗所發表的激烈聲明，都是對布萊爾的不信任所做的回應；布萊爾於一九九四年在伊斯林頓承諾過，只要他下台便由他的財政大臣接任首相這個誓言則完全破局。

英國的亨利・泰勒公爵曾觀察到：「當全天下都心照不宣地不想再說眞話時，謊言便不再是謊言。」這一句話我們在商業界已經探討過了，而這用在政治界中似乎也很貼切。

假如無法肯定，就迴避這個問題

當政客不能說謊時，他們通常都想藉由逃避話題以免遭殃。

一九九七年五月，麥可·豪爾在角逐保守黨黨魁時，便曾經與主持人傑瑞米·帕克斯曼有過下列對談：

帕克斯曼：豪爾先生，你曾在任何公開場合中說過謊嗎？

豪爾：當然沒有了。

以上擷取自著名的訪談性節目「新聞之夜」，當時豪爾不斷地拒絕回答帕克斯曼所提出的一個問題：在內務大臣任內，豪爾是否曾經威脅監獄處處長德瑞克·路易斯撤回對一位監獄處官員停職的決定。

豪爾：馬略特先生（該名監獄處官員）並未被停職，但我有權表達我的看法，我也有權去商議……

帕克斯曼（打斷）：你曾威脅德瑞克・路易斯處長撤回命令嗎？

豪爾：我……我……並沒有權力去命令德瑞克・路易斯處長，我也沒有命令他。

帕克斯曼（打斷）：你曾威脅他撤回命令嗎？

豪爾：事情的真相是馬略特先生並未被停職。我……

帕克斯曼（打斷）：你曾威脅他撤回命令嗎？

豪爾：……沒有……命令德瑞克・路易斯處長。

帕克斯曼（打斷）：你曾威脅他撤回命令嗎？

豪爾：他只是建議我什麼可以做什麼不能做……

帕克斯曼（打斷）：你曾威脅他撤回命令嗎，豪爾先生？

豪爾：……我完全是依照建議來行事，我並沒有命令德瑞克・路易斯處長……

帕克斯曼（打斷）：你曾威脅他撤回命令嗎？

豪爾：……馬略特先生並未被停職。

帕克斯曼（打斷）：你曾威脅他撤回命令嗎？

豪爾（停頓一下）：我已經說明我決定撤掉德瑞克・路易斯處長……

帕克斯曼（打斷）：你曾威脅他撤回命令嗎？

豪爾：……就在下議院……之前……

帕克斯曼（打斷）：你根本沒有回答我的問題：你是否曾威脅他撤回命令。

帕克斯曼這個問題重複問了不下十四次，直到他後來受不了，說出「我們不要再談這個話題了」才放棄追問。那麼豪爾曾經威脅他的監獄署長嗎？或許我們永遠不會知道答案。

心理學家達萊爾斯・賈拉辛斯基曾詳細做過一個關於政客語言的學術性研究，對於豪爾和帕克斯曼的對話他也仔細看過。他相信豪爾拒絕直接回答問題，是因他不太會說謊，也不太會說實話；「豪爾試著想要針對帕克斯曼的問題好好回答，他試著想要給人樂於配合的假象，」他提出觀察，「這就是某種型態的謊言；不然至少也是一種僞裝。」

有趣的是，二〇〇二年麥可．豪爾曾對ＢＢＣ電視台說過一句話：「我不會再代表保守黨的領導階層了。」當被問到他的意思是否表示，不管情況如何，他自己完全置身事外，他說：「沒錯。」

然而那個在二〇〇五年大選未能將托利黨帶往勝利的人，必定是另一個麥可．豪爾！

三緘其口

政治這條路一定像其他職業一樣是個燙手山芋，甚至是最燙的。坦率誠實並不是將一個政治人物推進唐寧街十號的最重要特性，有時少一點拘謹也無妨。畢竟，「政治」是從「策略」和「手段」衍生而來的，這也就意味著奸詐、狡猾和詭計多端。

當一個有抱負的政治家試圖想要成爲一位未來的國會候選人，一段狡詐的事業歷程於此展開。一個政治夢想家要如何誠實地回答，說明他參選的理由呢？我從來沒有參加過任何選區的政黨候選人選拔會議，可是我敢肯定過程一定是這樣的。

主席：為什麼你想要成為代表德拉吉城西區的國會議員呢？

候選人：我覺得自己很喜愛德拉吉城的人，而我也誠摯的希望能夠在西敏市為民喉舌；他們的需要就是我的需要，他們的夢想就是我的夢想，他們的民生和公共衛生方面的問題就是我的問題。麻煩主席，我恭敬且忠實地請求主席讓我成為德拉吉城西區的國會議員，請給我一個為他們服務的機會。

一經選拔，你一定可以選上，而中間一定會牽扯到開選舉支票的問題。在大選中大家眞的想聽——什麼時機很差、需要嚴謹的措施等這類的實話嗎？才不，其實大家想聽你說謊。他們不需要知道財政命令和緊縮財政支出是什麼；他們只希望能夠有人像摩西一樣伸出雙手，引領他們走向充滿奶、蜜和低稅收的土地。實話實說的政治人物鐵定幹不長久——而承諾卻也可以在後來跳票。前社會事務組組長迪格比・安德森認爲政治人物不說實話，是因爲民眾比較喜歡悅耳的謊話。他覺得民眾都想從政治人物那邊得到他們想要的東西。

一旦選上國會議員之後，只有學會多拍馬屁——當你心裡想「你一定是在說笑吧，部長」，嘴巴只能說「是，部長」——才能讓你打入一般議員的充滿實際權力或影響力的圈子之中。政黨的政策必須凌駕於個人信念之上。每個政治良機都必須好好靠雙手掌握住；「北愛爾蘭，首相先生？噢，謝謝您，這正是我想要的。」一旦你的方式合閣員們的胃口，那麼你可能得說多少謊來避免讓自己因改組或強迫辭職而被撤掉？「不過，首相先生，我以前從來沒有見過這位女士……或許我曾與她在正式集會中偶然見過一次兩次面……或許我們曾經的確相當友好。」最後，你終於承認你是她孩子父親的這件事被記者報出來，而你很快的便草草結束（或許是短暫離開）你的政治生涯。當然，這只是個假設性的幻想。

在二〇〇五年九月，一場私人的餐後演說洩漏給時代雜誌後，政客們的災難，也就是BBC第四電台的廣播員約翰．漢弗萊斯掉進水深火熱之中不可自拔。除了他所說過的一些不慎重，且讓他在BBC電台遭受責難的評論外，他似乎還這麼形容國會議員：「那些一點也不會說謊的人……是進不了政府機關的」，這是因爲「格格不入的你永遠得不到黨鞭的督促」。

漢弗萊斯相信，國會議員可以分爲兩種族群：有原則型，他們總是試著去說實話並且在一般議員中老顯得孤立無援；部長型，他們必須說謊話。漢弗萊斯說的沒錯，因爲一個內閣閣員曾私底下跟我承認：對於政府政策，所有部長必須承擔的共同責任，他們必須爲他們不認同的決議作辯解。這就表示他們要說謊才行。

然而二〇〇五年九月二十二日，當英國環境部長大衛．米利班德採取一個友善且誠實的方法來處理對政府政策的批評時，整個環境似乎有讓人耳目一新的改變。在上BBC的「發問時間」節目時，有人暗示工黨延後復審地方政府經費的決定似乎是一種「大轉變」，米利班德對此做出回應：

「這並不是表面上的大轉變而已，這是一種U型的一百八十度超級大轉變。我很高興能夠來到這個節目中跟大家說：『不要懷疑，這是個大轉變……讓我們確實搞清楚。這件事沒有任何表面上的假動作。』」

米利班德似乎因爲送了政客們一個好名詞而惹禍上身；或者他少見的坦率評論只是

一種另類的謊言？美國新聞評論家麥可・金斯利則曾經觀察過一點，那就是在美國政壇中，當一個政治人物說謊的時候，那才是失禮。不過至少在英國，選擇性的說實話已越來越成爲一種巧妙的政治工具了。

奸詐的政客們可以運用誠實的計謀來達到不錯的效果；承認一點小錯或失敗的經驗，可以讓人認爲你是個正直的人，而讓批評的人抓不到把柄，就像「是的，我承認我只穿一隻襪子，但我並不打算增加稅收」這類的話。而馬上我們也將仔細地檢查「不打算」這三個奸詐的字。

知名的催眠師和魔術師戴倫・布朗，讓人對於政客們的語言狡詐和圓滑的程度獲得進一步的了解；在他的電視系列節目中，他成功的辦到一件事，那就是讓一個女子在賽馬場上爲賭輸的馬票付錢，接著他大力的敲擊窗口，出乎常理的，便開始堅稱這是一張賭贏的馬票，而事實上，這一張眞的是；布朗告訴我，這是可能的，因爲這個女子同樣的動作已進行過無數次了，她已經變成無意識的在重複這個任務。藉由敲擊窗口玻璃，過程的中斷讓她感到困惑，同時也讓她進入催眠暗示之中；告訴她說這是張贏錢的馬票，這個動作能讓她大腦找到脫離困惑的途徑。

爲什麼我要說這個故事？因爲布朗認爲，政治人物們也是採取類似的技巧來讓民眾相信他們的謊言和騙術。他們怎麼辦到的？布朗說，政治人物會用統計資料來讓你陷入混亂，接著再帶你們進入容易接受暗示的狀態，最後再用一個讓你非常容易去接受的論述帶你找到出口。布朗認爲，柴契爾夫人一直都在用這種方法。嗯，在聽了幾分鐘過去複雜且不公平的稅額制度之後，有誰不欣然接受比較簡單的地區服務稅和人頭稅呢？這眞是個了不起的點子。

缺乏華盛頓的精神

美國第一任總統喬治・華盛頓是大部分具有高度愛國熱忱的美國人所公認的仁德典範——就好像我們所聽過、由華盛頓的傳記作者帕森・威姆斯所記載，關於華盛頓童年時的一個故事：

喬治告訴他的父親：『你知道是誰在果園砍了那株漂亮的小櫻桃樹嗎？』這是個棘手的問題；而喬治也為此猶豫了好一會兒；但很快的他就恢復鎮定，然後看著他的父親，他開朗可愛的小臉上帶著一股透露著征服的誠實，且難以形容的魅力，他勇敢的邊微笑邊說道：「我沒辦法說謊，爸爸，你知道我不會說謊。我的確用我那把小斧頭砍了那棵樹」——「來讓我抱抱，你這最珍貴的寶貝，」他的父親喜極而泣的說，「來到我的懷抱中；我很高興你砍了我的樹，喬治；你所給我的何止千倍。我的孩子這麼勇敢的行為，絕對遠勝過一千棵樹；儘管它綻放著銀色花朵，以及長滿了金色的果實。」

威姆斯認爲，這個故事顯示了美國建國之父的高尚誠實的特質。不過問題是，這故事是虛構的——那不過是一個謊言。根據歷史學家卡拉爾．安．馬爾林的說法，威姆斯極力想要「創造出一個可信且有趣的形象，讓華盛頓變得更仁慈」，因爲在早期傳記中，華盛頓被描寫成一個冷酷且無趣的人。

亞伯拉罕．林肯曾在偶然間說過他對說謊未曾有什麼美好的回憶；而好的回憶似乎對習以爲常的政壇騙子來說是個很重要的能力，但厚顏無恥且滑溜機巧的道德標準也或許更加重要。

大家都說華盛頓不可能說謊，尼克森總統不會說實話，而雷根總統則不會分辨謊話和實話。有段關於尼克森的話似乎說的沒錯：

「最初得知關於水門事件的新聞報導時，我完全對這種無知、非法的行為看傻了眼……我們必須讓白宮保持清廉正直的形象，白宮裡絕不能有掩飾真相的惡劣行為。沒有任何一位白宮幕僚，也沒有任何在這個政府機構任職的人牽扯到這個非比尋常的事件。」

理查・尼克森，有史以來最大的政壇騙子，假如他沒有汗流浹背的話，可能還可以僥倖逃過一劫；有這麼一說，當一九七四年兩位《華盛頓郵報》的記者自問「為什麼這傢伙流這麼多汗？也許，這可能是他在說謊」，因此才讓尼克森丟掉了總統職銜的。

「我有件事想對美國的民眾說——希望你們能聽聽我的話——我想再說一次；我和那位女士——陸雯斯基小姐並沒有性關係；我從來沒有跟任何人說過謊——一次也沒有，從來沒有。」

比爾・柯林頓的魅力、表面上的眞誠及潔白閃亮的牙齒，讓他從尼克森之輩冒冷汗失敗的地方安然過關。根據心理學家保羅・艾克曼的說法，柯林頓在技術上是個非常失敗的騙子；因爲他使用了「疏離性語言」，特別當他稱陸雯斯基爲「那位女士」時，事實上就已經敗露事跡了。艾克曼博士拿這個事件與一位妻子被謀殺的澳洲人做比較，這個人在電視上尋求大家「在這個事件」上提供協助，「無疑的，他殺了她。」艾克曼說。

他深信柯林頓是希望這個事情能被人揭發。「爲什麼他會挑上陸雯斯基？」他問道，「因爲，總之他就是想要被人抓到……並且被人所愛。」他也相信，尼克森會說謊是因爲他認爲自己有權這麼做。

艾克曼強調，柯林頓和尼克森兩人都是「可恨的」騙子；以高明的謊言來說，他個別拿甘迺迪總統和前蘇聯外交部長安德烈・葛羅米柯在一九六二年古巴飛彈危機中的表現爲例。在他們的面談中，葛羅米柯隱瞞了蘇聯在古巴放置飛彈的事實，而甘迺迪也隱藏了他知道蘇聯已在古巴放置飛彈的眞相。艾克曼認爲這兩個人都是「在做假虛構方面富有創意且奸詐狡猾，是口蜜腹劍的人，而且令人折服」。不過這兩個人的所作所爲差一點引發第三次世界大戰。

喬治・布希則繼承了這一大票騙子總統的衣缽，同時徵兆顯示這位總統還試著想要青出於藍，而不是以與他同名的開國總統爲榜樣。

不過至少，這只是一位不完全公正的華盛頓編輯的個人觀點；《The Nation》雜誌的編輯大衛・孔恩留意到：當時號稱「可以把前任總統玷污的橢圓形辦公室恢復榮譽和清廉」的候選人布希在二〇〇〇年登上大位。孔恩在二〇〇三年的文章中指出：「喬治・布希是個騙子，他說謊的程度有大有小，可直接也可簡略；儘管他在總統大選期間和白宮的頭一年，他死命的說實話——不只是坦承過失，而且還刻意、持續且一再地讓他的事業和政績獲得進步。」

在政治圈內有相當多的輿論，認爲布希至少誇大了伊拉克所造成的威脅，來爲他的開戰找適當的理由；他斷言薩達姆・海珊已儲備了大規模非正規性的武器，並且直接和蓋達組織接洽，但他的主張卻從未獲得證實；而他稍早聲稱距離伊拉克發展核子武器「只剩半年」，同樣也是沒憑沒據。

許多雜誌的專欄和大量書籍都曾記載過這位全球最有權力的男人，在傳言中所說過的謊言和子虛烏有的不實言論。凌遲布希已經變成大熱門。二〇〇四年，導演麥可・摩爾的得獎紀錄片《華氏九一一》（Fahrenheit 9／11）中，將總統刻畫成一位藉由說謊而耗費無數美金向伊拉克開戰的無能白痴；這部片在全球的票房收入令人咋舌，不過卻未能明顯達到預定的目標——阻止布希再度當選。就如同隨後在英國所獲得的迴響，選民們決意即便是布希在參戰的理由上說謊，他們還是準備原諒這樣的行爲。最終，民眾還是容許了任何謊言存在——前提是，只要國家錢還夠花。

＊　＊　＊

順道一提，政治人物的太太們也可能會犯指鹿爲馬的錯誤。南西・雷根老是在年齡上說謊，將自己的年紀少報兩歲。她大學和高中所留下的資料顯示她是在一九二一年出生的。然而，白宮幕僚則依吩咐告訴媒體，南西是在一九二三年出生。一九八八年她在白宮辦了一場盛大的宴會來慶祝她六十五歲生日；事實上，當時她已經六十七歲了。

＊　＊　＊

戰爭的第一個陣亡者

在何種情況下，伊拉克戰爭可稱爲一場戰爭？戰爭通常是國與國之間在最後一刻一種不可避免的情況下所發生的；而一方軍力遠優於另一方的戰爭無疑又是另外一回事。身兼喜劇演員、政治評論員等多重角色的泰瑞・瓊斯在週日報《觀察家》（The Observer）中的看法如下：

「在安全高度上將炸彈投在生活壓力沉重的人們身上，他們的公共建設因多年國際制裁而一片混亂，而且還要生活在專制政權中；這不是戰爭，這好似在打火雞。」

同時他還對布希和布萊爾兩人共同承諾向恐怖主義開戰時所運用的語言表示懷疑。

「你可以對一個國家、一個自己國內的國家組織發動戰爭，但你不能對一個抽象名詞開戰。你要如何得知自己何時獲勝？在你把它趕出《牛津英語詞典》的時候嗎？」

然而這聽起來很不錯，不是嗎？向恐怖主義開戰。雖然我們的政府並沒有提高國家安全及其他反恐措施，但他們確實要向恐怖主義開戰了。

恐怖分子同樣也很擅長運用虛構的語言來達到他們的目的；我們這些年也漸漸習慣了北愛爾蘭軍事組織所提過的飛彈和子彈「合法目標」——即便那些受害者所犯的錯也只不過是送送牛奶到軍事基地去而已。

我們也對那些在政治上，用來趨緩和消毒戰爭可怕事實的表述方式越來越熟悉；「低劣的敵方武力」這句話本意並非貶低或羞辱他們；無疑地每當衝突過後，那羞辱性的對待方式卻會發生在戰俘身上。第一次波灣戰爭後，一位美軍發言人指稱聯軍已經削弱伊拉克士兵組織70%的軍力；當然，他們也殺害了其中將近四分之三的士兵人數。

其它的例子還包括了：

●使其無法繼續生存發展——意思就是屠殺人民。
●附帶損害——意思是喪生民眾。
●武裝偵查——意思是轟炸敵方。
●檢修目標——意思也是轟炸敵方。
●意外交付軍械——意思是轟炸到我方部隊。
●友好開火——意思也是轟炸到我方部隊。
●套運屍袋回家——很不幸的，這意思真的就是套在運屍袋裡面送回家。

即使是嚴刑拷打也有它的婉轉說法。在某些軍方裡的，則會用「提高審問技巧」的不誠實說法來代替拷問。不過在戰爭時期可不只有拷問方面才會說謊；這個時候說謊還是全面性的。不過這絕不是近代才有的現象。

遠在第一次世界大戰期間，有許多報導指出關於德軍在比利時和法國的殘忍行徑，爲了證實這些傳聞，英國政府便在詹姆斯．布萊斯子爵的職位下成立了一個調查機構。調查報告於一九一五年發布，內容全是關於虐待、草草處決的生動故事、拷打、強姦、全家人都被燒死的倖存者，以及被刺死在刺刀上的嬰兒等。事實上這幾乎全是揑造出來；這些大多數的可怕故事幾乎都沒有證據。有歷史學家就認爲布萊斯報告根本就是「一種戰爭中最殘酷的行爲」。

綜觀二十世紀謊言之中，最露骨的就屬阿道夫・希特勒對英國首相尼維爾・張伯倫所說的話——當中他提到，他對歐洲並沒有進一步的軍事野心。於是張伯倫滿心相信自己已完成「當代的和平」；他甚至在致信給他姊姊時提到，「希特勒是一個重承諾、可仰賴的人」。而希特勒的謊言卻給了他決定性的充裕時間來整頓軍隊，以侵略捷克斯拉夫。

心理學家保羅・艾克曼相信，希特勒的謊言在某種程度上已達成不錯的效果，因爲他是個老練的騙子；而某種程度上，則是因爲張伯倫太容易就聽信謊言；「張伯倫並不是一個蠢蛋，」艾金曼說，「但他想要去相信希特勒。他拿英國的未來作爲他個人與希特勒交涉的賭注。」

希特勒說謊的功力也被他的宣傳部長約瑟夫・高貝爾學到幾成，他爲納粹政府對幾百萬猶太人進行種族屠殺的行爲，極力以「強制遷移」政策作爲美化及掩飾；其中最著名的是他曾在聲明中指出：「假如你說的謊夠大並且連綿不絕，人們最終很容易就會去相信它。」假如不是這樣，他們可能就會被強制遷徙。

納粹的「最終處置」的靈感似乎是來自奧圖曼帝國在第一次世界大戰中對亞美尼亞人的屠殺。強迫性的死亡驅趕和有系統的大規模處決就在奧圖曼政府「放逐」政策的掩護下展開。希特勒在入侵波蘭期間下令對男人、女人和小孩進行殘酷屠殺時，曾在書中寫道：「畢竟，今天又有誰會提到亞美尼亞人的屠殺事件呢？」

亞美尼亞大屠殺目前已普遍被認定爲二十世紀第一起種族屠殺案件，不過土耳其政府依然堅決否認。二〇〇四年時一位土耳其駐倫敦大使館的發言人提出下列聲明：

「有一部分的亞美尼亞人口已變成帝俄擴張政策所利用的手段，並且還建立武裝組織來策動奧圖曼戰線後方的游擊戰；奧圖曼政府的因應政策便是迫使這些人口離開戰區，而這樣的政策不論是對亞美尼亞人口或當地的土耳其穆斯林人口都造成損失。不過這並不是所謂的滅絕或種族屠殺。」

這段話並沒有爲亞美尼亞人超過百萬的死亡事件做出正確說明。英國政治人物在戰爭期間並非不願意扭曲眞相。我們對福克蘭戰役期間阿根廷巡洋艦貝爾格拉諾號的沉船事件中政府所做的聲明還了解些什麼?英國當時宣佈福克蘭島周圍二百浬的禁區範圍後,便揚言要炸沉任何出現在這海域內的阿根廷海軍船艦。

一九八二年四月二日,當貝爾格拉諾號在隔離區外二十浬航行時,被英國潛艇擊沉——總計共奪走三百六十八條人命;這個攻擊行動由英國內閣完全授權;國防大臣約翰·諾特說:「這艘火力強大的海上攻擊體接近了整個隔離區,並且距離我方特遣艦隊僅數小時路程範圍外。」不過接下來的證據則強烈顯示,當時貝爾格拉諾號正駛離特遣艦隊,卻不幸被魚雷擊中。

在伊拉克戰爭期間,許多觀察家證實了喬治·布希所使用的「令人難以置信的迴避語言」,尤其是在爲軍事行動解套的時候。二〇〇三年三月的時候,整個戰爭的方針主要是「找出並毀滅薩達姆·海珊的大規模毀滅性武器」;三個月後,布希便針對「大規模毀滅性武器計畫」進行討論;到了十月,卻改變成爲「大規模毀滅性相關武器計畫」。二〇〇四年一月,因爲這項「大規模毀滅性相關武器計畫行動」而使得我們也必須參戰。

而唯一的事實就是這次戰爭的第一個傷亡人員，現在已經裝進運屍袋送回家了。

▲政治英文

「政治語言的目的是要讓謊話聽起來像真話，讓謀殺受人景仰，並且讓堅硬的固體變成清涼的微風。」

這些年來政治人物建立起他們獨特的英文風格；這種自我辯解的語言讓他們可以逃離險境、逃避責任、擅改歷史並且規避眞相。

在理查・尼克森因掩飾水門醜聞的行爲而辭去總統職位的四年後，他提出以下說明：「我沒有說謊，我只是說了之後可能會不正確的事情。」

另外還有一些經典的例子就是：

「我沒有説謊，參議員，我只是在表達一個與事實不同的另一套説法而已。」

「事情完全取決於『是』這個字的意思為何。」

奧利佛・諾斯，美國海軍陸戰隊英雄

比爾・柯林頓，前美國總統

「那不是謊言，那只是個不正確的專有名詞罷了。」

亞歷山大・海格，前美國國務卿

＊　＊　＊

政治人物也是靠語言鑽法律漏洞的高手。

假如政治人物被問到是否他將採取某個行動——如增加稅收、辭職、加入大選、宣戰或其他任何事情——在許多情況下，他會回答「他沒有這樣的計畫」；當然，這句話其實一點意義也沒有，他可能眞的有意思要做上述的任何一項動作；但假如他沒有打好並裝訂好的文件來詳述細節，正常來說他可能就會說「他沒有這樣的計畫」。

打個比方，在伊拉克戰爭後，英國國防大臣喬夫・胡恩強調英國政府「並沒有計畫要另外派出一千三百人的軍隊」來加入維護和平部隊時，實情到底是什麼？實際上，英國政府可能有計畫要派出一千二百或一千四百人的兵力，但胡恩的陳述在技術上仍算得上是實話；當然到頭來，接下來的幾年內將可能有更多的部隊在不同的時機下被送往伊拉克，儘管不是一批一千三百人的部隊。

政治人物還喜歡用一個詞「受人之託」。他們會宣稱自己「在託付之下受命建立一個更公平的社會」或「託付之下受命改善國營事業」。為什麼他們不乾脆說他們「將做這些事情」？想必這樣的話聽起來可能會更像一個承諾，因此會比較難去違背諾言。

東尼・布萊爾曾經宣稱他是被託付「整個非洲的未來」的。全球觀察家唐・華森深信他或許還不如這樣說：「我何不朝著奈洛比大致的方向揮手致意？」這樣的意思可能還差不多。

BBC記者約翰・漢福萊斯在他的著作《欲言又止》（Lost For Words）中指出，至少有一位政治人物絕不會在說話毫不坦白這方面遭受任何指責，這完全是因為這個男人用下列的奇特的看法取悅了下議院：

「我認為，因為可敬的議員閣下在週一的討論中已說得很清楚了，關於對雷根總統的看法和評價，我必須以我本身的觀點來陳述任何關於雷根總統的意見；我必須說的是，事實上，不論他們在他政權剛開始時說了些什麼，他都可以為大規模毀滅性武器的削減做出貢獻，而我認為這對世界和平才是真正的貢獻。」

英國代理首相約翰・普列史考特向來不太像是個擅長咬文嚼字的人；約翰・漢福萊斯認爲這位資深政治家在語文上的拙劣則意味著他絕不可能懂得隱瞞僞裝，或甚至是扭曲擅改的藝術。「當你聽他說話而他並不看底稿時，你就可以聽到他心裡的話。」

哎呀，可惜只有一個約翰・普列史考特。

＊　＊　＊

我們給予這些政治人物很多的信任；我們給了他們三分之一的所得，並相信他們會英明地運用它。我們也相信他們會做出對我們生活各方面都有幫助的決定——我們的健康、孩子的教育、讓我們免受邪惡獨裁者大規模毀滅性武器所害的國防武力。

在選舉期間，我們會投給我們最信任的政治人物。哪一種政治人物是我們認爲最忠實且最誠懇的呢？很不幸的，絕大多數的政治人物似乎都贊同美國喜劇演員葛洛丘・馬克斯的哲理：「成功的秘訣就是眞誠；一旦你能僞造它，你就已經獲得成功了。」大部分的政治人物都擁有比約翰・普列史考特更靈活的語言能力，因此便有更健全的能力去說謊。

我們所能做的便是對著選票箱祈禱並且滿懷希望。畢竟，政治人物就像你我一樣，都會依本能行事——終其一生以自己的方式說謊。就像我們生活中某些時候所扮演的生意人角色一樣，我們扮演政客時也會是那樣。我們都善於提供我們不打算信守的承諾，同時也很會扭曲一個論點來達到自己的目的或爲所欲爲。我們在事情出錯時也知道如何去推卸責任，或將責任歸咎他人。我們都是爲了替自己這位選民服務的國會議員。

Chapter 7

爛新聞？

◆ 尊重真相，以及讓大眾了解真相的權利，是記者的首要職責。

爛新聞？

大部分的人都認爲記者是騙子，這的確是公認的。

超過二十年的歲月中，MORI調查公司爲查明哪一類才是英國民眾相信會說實話的人，進行了一項調查。結果發現記者從業者的評價一直非常低迷，遠遠落後於信任度較高的專業人士如醫師、教師和神職人員等。在二〇〇三年時，記者甚至與政治人物並列最後一位；從那個時候開始，記者這個行業始終敬陪末座。到了二〇〇五年，只有16%的民眾對記者從業人員表示信心；然而卻有五分之四的人不相信記者們所說的話。

爲了證明民眾對記者的看法，《金融時報》（Financial Times）刊載了一篇相當引人注目的專題來報導二〇〇三年民調結果。它的標題是這麼寫的：「商業領導者歡喜重獲民眾信任」，這是完全因爲在過去的一年中，企業人士在統計數字上進步了三個百分點，從原本的25%上升到28%所致。MORI的主席羅伯特．沃塞斯特驚訝的表示：「即便《金融時報》做這篇報導是爲了要讓他們的讀物感覺起來更棒，但令人納悶的是，記者在誠實表現方面卻排在民調最後一名。」接著他又強調：「而《金融時報》普遍被認爲是這一行裡面最棒的。」

然而，在二〇〇五年由ＢＢＣ世界新聞網所委託的一項國際調查排名中，記者卻表現得比較出色。宗教領袖的排名最高，信任度在六十八個國家共五萬名受訪者中佔33%；政治人物還是牢牢地吊著車尾，信任度只有13%。記者則以26%在中游徘徊，儘管值得我們注意的是，他們在歐洲特別不受信任。

記者在揭露犯罪和糾舉不法行爲方面擁有悠久且高尚傳統，並且在提供眞相、報導和傳播方面扮演重要角色，爲何這個光榮行業會如此不受信任？一定是因爲他們變不出新的花樣出來。記者或許在一百年前的民調結果會比現在好得多，當時在美國，媒體大亨威廉・魯道夫・赫斯特和新聞界巨擘約瑟夫・普立茲或多或少建立了一種煽動性的報導技巧；在赫斯特的《紐約日報》和普立茲的《紐約世界報》之間的銷售戰爭中，這兩個人都不惜虛構故事以獲得優勢來超越對方；當時民眾都擔心西班牙在古巴的殖民統治讓西班牙人擁有極可觀的經濟領域，因此這促成了一些聳動的標題紛紛出現：如「西班牙的食人行爲」、「殘酷的嚴刑」和「亞馬遜勇士爲反抗而戰鬥」。

到了一八九七年，一般都相信西班牙和美國之間的戰爭將一觸即發，赫斯特派出特派員福瑞德瑞克・雷明頓到古巴展開調查，以下這一段據傳便是當時互傳的海外電報：

現在一切都靜悄悄的，這裡現在一點紛爭也沒有；不會有戰爭了，我想要回去了。——雷明頓。

請繼續留在那裡；你提供照片我就提供戰爭。——威廉・魯道夫・赫斯特。

這段著名的通信內容可能是虛構出來的，不過這卻能反映出當時這些報業大亨們的企圖心。隔年，赫斯特終於等到他的戰爭——在某種程度上，這篇由他所杜撰的故事煽動了反西班牙情感，進而引發出一場美國與西班牙之間的戰爭。

新聞造假、不讓真相破壞一篇好故事的傳統，多年來一直不名譽地持續存在著，同時也經常產生可笑的結局，就好像二〇〇五年《世界新聞周刊》五月刊中所出現的一篇引人注目的文章一樣：

早在二次世界大戰開打的八十年前……南方聯盟便製造了第一顆原子彈！

研究南北戰爭的歷史學家們獲得一個令他們跌破眼鏡的大發現，那就是過去一位隸屬於南方聯盟的科學家在造出原子彈的數週後，便計畫運用這個武器來毀滅華盛頓哥倫比亞特區……時間就在一八六四年！

一位研究南北戰爭歷史的專家約爾・李馬許在研究許多由物理學家塞德斯・麥穆蘭後代子孫所提供的南北戰爭時期日記、信件以及文件時，赫然發現了這位科學家瘋狂的原子彈計畫。他揭露麥穆蘭在完成這項計畫之後便遭到殺害。

「當我了解到自己閱讀的是什麼東西時，我便開始覺得毛骨悚然。」李馬許說道。他計畫在一本新書中透露一切內幕，這本書暫定書名叫做《南方的勝利：南方聯盟的原子戰爭》（Southern Victory：The Confederacy's Atomic War）。

這個令人震驚的眞相緊接在《世界新聞周刊》的另一則頭版頭條新聞「火星上發現外星人頭骨」之後登場。而激烈的市場環境中與這本刊物相互競爭的同業報社則擁有勇敢的記者，他們也能夠揭發出一些引人注目的故事：

吃素的母親生了綠寶寶！

一陣強風將矮小的氣球小販吹到二十英哩外。

失蹤的寶寶在西瓜裡被發現！他還活著！

在樹中發現一位兩千歲的古人……手上佩戴的錶依然運轉著！

埃及木乃伊是我孩子的父親。

跳蚤馬戲團飢餓抓狂，攻擊訓練師！

假如有的話，少數相關的報紙還是可能曾被間接形容爲名符其實的新聞媒體，儘管這好像已經是過去的事了。雖然宣稱是一個正統的報社，但英國的《每日運動報（Daily Sport）》仍然很樂意去拿一些經典的故事去犒賞讀者，如「二次世界大戰的轟炸機在月球中被發現」這類消息，其中甚至還附一張將飛機合成上去的月亮照片當做圖解。

這類只是新聞界虛構故事的一種形式——對於他們運作的透明度來說這能夠將損失

減到最低。這是最精密周詳的謊言、扭曲和虛構的故事，並且滲透到現代許多新聞工作中，而使得新聞界必須被檢驗和接受質疑；記者當然會說謊（畢竟，他們都是人）；問題是，假如任何情況下有必要的話，我們會在什麼時候相信他們呢？根據經驗，答案是從來不會。

前英國衛生大臣艾紐林・貝文曾說自己很喜歡看報紙。「這是我讓自己不斷說謊的靈感來源之一。」他這麼解釋。詩人作家亨伯特・沃夫同樣也對報業抱持悲觀態度：

你們休想賄賂或扭曲
對主的感謝！
英國記者。

不過，看看人類
會做些什麼賄賂以外的事，
根本不可能。

對新聞界保持懷疑態度，這是很健康、很值得肯定的。但以某些觀點來看，記者的確是惡魔的化身。諷刺的是，當中最喧嘩的評論者和那些政治人物，如同我們所看到的，他們具有如此唇齒相依的關係。其它痛恨新聞界的族群還有皇室家族——所有皇室成員，沒有一個不痛恨的——以及那些不論遭受的待遇公不公平，任何在報章、廣播或電視上被揭秘、羞辱或單純被批評的人。這些人可能就是政治人物那類的名流，但這些名人平時仰賴新聞界爆料來達到他們的目的，但在關係搞僵時，卻又毫不猶豫指責媒體是騙子。

新聞界目前的公眾信任度要比以往低迷許多。報章要和廣播、電視台以及網際網路對抗，地位已驟速下跌——他們渴望獲得優勢來超越同業。就好像赫斯特和普立茲時代的銷售戰一樣，這對新聞界誠信度永遠沒有好處。當你再增加其他如無能、懶惰、偏見、政治歧視和個人野心等足以搞壞整個新聞業的因素進去——你就會開始了解問題會變得有多嚴重。

謊話、糟透的謊話，以及新聞界

大部分報紙的「不正確性」一直都沒被發現，或至少沒有遭到質疑；不過那些因此而受到傷害，且決定對此採取行動的人，都能夠在英國求助於報業申訴委員會來得到「迅速、免費且公正」的服務。

報業申訴委員會是依照由絕大多數的英國報社所制訂和支持的職業道德標準來完成任務。報業編輯至少在理論上會受到該標準的決議所約束，而這些標準通常也會要求這些編輯們刊登更正啓事和道歉啓事。

舉例來說，在二〇〇二年的時候，報業申訴委員會調查了一個申訴案件，起因則來自於《週日運動報》所登的一篇故事透露了在肥皀劇「加冕街」（Coronation Street）中扮演戴夫．阿拉罕一角的演員吉米．哈基辛，他與一名在酒吧認識的女子發生「一夜情」的辛辣內幕。在標題爲「加冕街的吉米是個床上的惡魔！」的該篇內容中，則報導了該名女子對於整個事件的詳細說法。

這名演員向報業申訴委員會的調查員強調他只有在酒吧見過該女子一次面，但他當時拒絕了該女子所提出的兩人一起離開的建議。他在申訴中指出《週日運動報》並沒有向他諮詢該故事的眞實性。

這並非報業申訴委員會的工作項目，同時也並非在它職權所及之範圍內，因此他們無法證實這類案件的眞實性。報業申訴委員會所扮演的角色是判定報社是否有辦法知道眞相爲何。在這件案例中，委員會裁決《週日運動報》並無任何證據可支持該女子事件說法的正確性，同時也認爲報社應主動聯繫哈基辛以證實事件是否正確。於是委員會贊同哈基辛所提出的申訴，並論定《週日運動報》「未能審愼的避免刊登不實資料」。

有什麼方法才可以阻止報社這類的行徑呢？報業申訴委員並無法強制罰款，儘管該機構認爲就算可以罰款，可能還是無法確實達到應有的效果；委員會主張要求編輯在其所屬報章登文道歉會比罰款的威脅更來得有嚇阻性，這是因爲編輯們會認爲反正罰款又不是從自己口袋裡掏出來的。

報業申訴委員光是二〇〇三年度就接收了三千六百四十九件申訴案——受害者非侷限於名流或高知名度的人物。在這些申訴案中，幾乎有十分之四的案例是關於非正確性報導；有許多案件不須判決便可獲得解決；這些須經由報業申訴委員來裁定的申訴案件中，有45％都通過委員會的支持。然而，還有多少遭不公、扭曲或虛構報導所侵權的受害者從未提出過申訴呢？

＊ ＊ ＊

當然，記者們謊言下的受害者受相關法律條文所保障，同時也可在法庭上尋求金錢上的賠償。不過這在英國可是個高風險的手段，這是因爲法律上並沒有給誹謗案件任何實質上的援助，這讓那些荷包滿滿的報社相對於那些財力較遜的受害者來說有著更大的優勢。在決定出版物的時候，報社通常都會特別留意在有關於眞相和正確性上遭到對方控告的可能性；他們知道有許多人會因爲訴訟程序上驚人的經濟消耗而耽誤了應採取的法律行動。

相反的，銀行存款遠不如低俗敵手的小報編輯也會提出控訴，因爲過去就有羅伯特・麥斯威爾這類有錢的當事人會對他們施以威脅的口吻，進而使他們揭發不法犯罪行爲的企圖心受到阻撓。譬如說，試圖揭發騙局的記者知道，只要他們稍有閃失，他們老闆的財產就會損失個數十萬英鎊。不過那些向來喜歡腥羶色新聞的小報可不會因此卻步；他們會持續不眠不休地追蹤名人的小道消息和勁爆新聞，這通常會讓他們過份逾越安全界線，進而使他們吃上誹謗官司。

一九九八年時，好萊塢巨星湯姆．克魯斯和他當時的嬌妻妮可．基嫚便控告《快遞》（Express）在一篇刊載的文章上影射他們的婚姻只是一場為了掩飾他們同性戀傾向的騙局，最終克魯斯夫婦贏了一筆秘密的驚人賠償金。據該報消息指出：克魯斯有性功能障礙和不孕的問題。

我們認為，《快遞》應維持在多大的新聞尺度之內，才能在刊物送印之前確保故事的眞實性呢？該報有拿到這位明星性無能方面的醫療證據嗎？他們有和克魯斯夫婦中任何一位通過話嗎？並沒有，該報顯然是利用一連串毫無事實根據的謠言作為故事基礎的，並且想必該報便預估當初刊載這則不實新聞所得的利益，可能會遠遠凌駕在被控告的經濟風險之上。

克魯斯和基嫚是對抗醜聞報導而獲勝的眾多名人中典型的一個案例。不過報紙新聞並非一直都是謬誤的。就如同我們之前談論過的傑弗瑞．亞契，他在控告《每日星報》揭露他與莫妮卡．科能的緋聞失敗之後，必須繳回他所得的五十萬英鎊。不過這五十萬對於那些英國報社爲了不實調查和虛構故事而付出的龐大金錢來說，只不過是滄海一粟而已。

新聞界的壞孩子

報章謊言可能就是由一些不相信，或選擇性忘記應有基本職業道德的無恥記者所催生出來的。他們相信，相較於時間、體力和耐力等與記者息息相關的要素之下，事實實在不怎麼討喜。這些新聞界的壞孩子視新聞報導爲一場不講規則的遊戲，在這遊戲之中他們可以運用生動的想像力來填補缺漏的文字。

有原則有操守的記者已經因爲拒絕「透露資料來源」、不打算供出提供消息的人，而被送到法庭，甚至入監服刑了。在二〇〇五年七月，《紐約時報》記者茱蒂絲・密勒在一件揭穿中情局臥底幹員的調查案中拒絕透露消息來源，因而被判處藐視法庭而入監服刑四個月；較不講求道德原則的記者更有可能拒絕透露消息來源，這是因爲他們根本沒有得到任何消息。

回溯到一九七〇年代，我有次在英國中部偶然間遇見一位地方報社的記者，他經常做一些卑鄙敗德的新聞，並且絲毫不會對他的所爲感到羞恥；當時他打了一篇報導，內容是關於當地居民因爲他們的公有住宅長期潮溼的問題憤而群起抗爭。這位記者未實際探訪住宅大樓來評估狀況，反而還捏造了一些虛構的引述：如「簡直令人反感」、「我們房間天花板長滿了綠色霉斑」、「地方議會必須想個辦法解決問題」等。他爲了要證明自己的表現，他過去曾經報導過許多類似的故事，而人們也老是說相同的話；然而是怎樣的目的讓他願意離開舒適又溫暖的辦公室呢？

他並非第一個，也絕非最後一個熱衷謊言甚於眞相的記者。二〇〇三年十二月，《人民》（The People）週日報因爲記者史都華・佛勒夥同攝影記者大衛・紐僞造了一張照片以作爲校外販毒的故事圖解，因而將兩人開除。這篇文章標題就寫著「公然於校門口販售……兒童版古柯鹼五十英鎊一顆」，當中聲稱毒販們提供興奮劑立得寧給年僅八歲的孩子們；另外內容還敘述該報秘密與一名毒販雷夫接觸的經過——「雷夫是個暴戾的十九歲少年，家住在東倫敦鮑區，身穿剪破的牛仔褲和一件皮外套，同時還留一頭刺蝟頭」。而在文章中的那張照片裡，在校門口販毒的那位毒販事實上是紐的兒子。

紐和佛勒隨後便控告鏡報集團的解僱動作不甚公平，他們聲稱自己是依命令來僞造圖片的。於是該公司最後同意支付這兩位前職員一筆未公開的金額；而我們也因此在結論得知誰才是這個事件中說實話的人。

據說那張英國士兵虐待伊拉克囚犯的僞造照片，在二〇〇四年五月同樣也讓《每日郵報》的編輯皮爾斯・摩根丟了工作。摩根則辯稱從來都沒有任何證據能夠證明他所刊登的照片是假的，不過編輯公會的會長鮑伯・薩奇威爾卻在當時批評說，「這個教訓就是告訴你要檢查、檢查、再檢查」，並且「永遠都要確認正確無誤才行」。

美國新聞界的可信度現在正遭受一連串家喻戶曉的醜聞所影響，而這些醜聞正是因為一些過份造假的記者沒有確認事實所致。

二〇〇二年二月，《紐約時報雜誌》記者麥可・芬科因爲他所報導的西非兒童奴工事件被人發現當中巧妙地摻混著事實與謊言後，馬上遭到解聘。

美國新聞界的競爭充斥著一種在英國從未見過的激烈程度；對於成功的美國記者來說，他們能擁有名聲、財富以及普立茲獎作爲最大的報酬。想想《超人》電影中的露意絲・連恩。不過一旦欺騙被抓到的話，就可能只能以恥辱來收場。

芬科事件後過了一年，又有一位十分受人景仰的《紐約時報》記者被發現有反覆

「設計新聞騙局的行爲」之罪狀，這些罪行包括了從同業盜取資料以及編造引述等。這位記者就是傑森・布萊爾，在所屬報社爲他「進行諸多捏造及抄襲之情事」道歉後，他就捲布蓋走人了。《時代雜誌》曾提到：「布萊爾先生反覆地破壞了新聞界最重要的宗旨，這是不爭的事實。」在他離去之後，很快的編輯霍威爾・雷恩斯和總編輯傑洛德・波伊德也跟著引咎辭職。

不過類似的新聞造假風波最引人注目的要算是史蒂芬・葛拉斯了；葛拉斯是政論、社論雜誌《新共和國》（The New Republic）的明日之星，他的故事之前曾變成電影「玻璃眞相」的題材。

葛拉斯曾爲國內一些刊物寫過許多文章，這些文章中的內容完全都是他捏造出來的。其中有一則故事是關於一場以「莫妮卡・陸雯斯基保險套」爲號召的政治大事紀大會，另外一篇則是關於一個福音教會崇拜喬治・布希的故事。另外，有一篇文章還指控前總統顧問維隆・喬登對一名年輕女性做出猥褻行爲。總之，葛拉斯來歷不明的消息來源都是他掰出來的。

葛拉斯還想出一種奸詐的方法來破壞那些調查故事正確性的查證人員所做出的成

果；「我偽造了假的紀錄。我捏造了一系列語音信箱和名片；我在商務通訊中做假；我偽造了一個網站。」葛拉斯說，「我在雜誌中所說的每一個謊言，其實背後都還有一系列謊言隱藏著──其目的只是爲了讓我的東西成功刊載上去而已。」

當雜誌有次想將他一篇關於十五歲電腦駭客的故事繼續追蹤報導下去的時候，卻發現這個故事沒有任何一點可證明是事實，因此最後葛拉斯終於還是露了底了。

英國可能從來沒有發生過這樣的事情，對吧？倘若眞的曾經發生過，我們會因此感到驚訝，或甚至感到擔憂嗎？或許英國記者也有辦法，或曾經也幹過這類富有創意的虛構行爲；只是因爲我們沒有同樣事實查證的慣例，而使得這類脫軌行爲大部分都無法辨別出來。

注意你的語言

一場在編輯公會會議上所發表的演說中，BBC電台的「今日」（Today）節目編輯凱文．馬許就一系列有關於新聞標準之評論的部分而言，他強調：「所謂部分的眞相，以這個詞的雙重意義來看，要比露骨的謊言還要來得致命。」

我們接下來要根據歧見性和偏見性報導等方面的含意，立即檢視所謂的部分眞相。部分眞相其含意便是不完整的眞相，目的是爲了要掩飾一系列的過失。姑且不論其程度爲何，我們要來談談的是，嚴重扭曲事實與徹底的謊言並不太類似——打個比方來說，特別是報導選擇性的資訊，並以不當的觀點來描述政治人物或名人，又或者情況允許之下，斷章取義地傳達與說話者原意相反的言論。另外，還可以將訊息和圖像刻意的結合在一起，以達到誤導印象之目的。技術上來說，這些都不是謊言，但相反的，它們也與事實相去甚遠。

在這類語言範圍內最不嚴重的要算是陳腔濫調了。陳腔濫調是最輕微的謊言，不過它依然對完整的實話有所保留。陳腔濫調能讓新聞故事縮減到只剩……陳腔濫調。區別一則故事與另一則故事之間的差異性，其中帶給人最微妙的地方卻可以因爲怠惰的新聞語言而消失殆盡。

我曾經和記者兼廣播員的約翰・漢弗萊斯共事過多年，而我卻從來不知道他居然會慢慢地道出我著作中的陳腔濫調。在漢弗萊斯最近的作品《欲言又止》（Lost For Words）中，他從「其他」作品中點出了一些他最愛的話：

- 感覺永遠高漲。
- 疑慮卻老是來擾亂。
- 警告（和提示）一直都顯而易見，忽略它們的結果是很可怕的。
- 事實一向是殘酷的。
- 謀殺總是很殘暴（要不然會是溫柔的嗎？），所有的爭執是令人痛苦不堪的。
- 白晝還是揭露了焦黑的遺體。
- 任何比加爾各答貧民窟稍微舒適一點的房子，就是奢華的房子——特別是那些報章上抨擊的人所擁有的房子。
- 人們悲劇性地死去（不是歡愉地）。
- 飢荒一直都出自聖經。

以上的問題就在於這類的語言並無法反映出語意精妙之處。疑慮以「擾亂」來形容，而事實上，這可能只是稍稍煩擾而已。痛苦不堪的爭吵或許只不過是稍微惡言相向罷了。居民被描述爲奮而群起抗議，但卻只是稍微有點不高興而已。喜歡陳腔濫調的記者根本分辨不清楚差別在哪裡。

另外比較令人擔心的便是那種經常被用來報導醫學界新發展的話語；當你知道科學家在關於一種異常致命的疾病方面獲得一個「重大突破」時，實情或許是平凡無奇的——那便是他們在他們知識領域裡面只得到了微不足道的進展，朝最終的治療方法僅前進了一小步。「突破」兩字的運用能增加希望——但卻經常是虛假的。譬如說，以下這些近年來英國新聞界爭相報導的「重大突破」到底是怎麼一回事？這些重大突破包括了……

- ……針對禿頭療法進行研究。
- ……針對預防中風進行研究。
- ……針對瘧疾的永久性治療進行研究。
- ……尋求治療漢丁頓舞蹈症（Huntington's Desease）的方法。
- ……與聽力障礙進行對抗。
- ……自閉症。

●……肥胖症。

●……以及糖尿病？

在許多案例中，記者們完全只注意到新聞稿發布所會用到的字、醫師或相關研究人員所提供的語言等，而醫師和研究人員顯然非常喜歡誇大他們所達到的進步幅度。

記者還有一個很糟糕的習慣，那就是會偷懶地抄襲官方消息來源所使用的精確文字——特別在戰爭期間。我們之前曾經看過政客們使用「低劣的敵方武力」之類字樣以盡量減低戰爭的恐怖，而新聞媒體往往也錯誤地學會使用相同的措辭方式。

近代的軍事衝突中（如福克蘭戰役和兩次波灣戰爭），大西洋兩岸的語言觀察家則發現了下列褒己貶人的報導：

●我們有「武裝部隊」——他們就有部「戰爭機器」。

●我們有「報導方針」——他們就有「審查制度」。

●我們「帶走」或「封鎖」——他們就「毀滅掉」。

● 我們有「準確度高的飛彈」——他們就「瘋狂的朝空中開火」。
● 我們的士兵「很專業」——他們的士兵都是被「洗腦的」。
● 我們的士兵「小心謹慎」——他們的士兵「瘋狂盲目」。
● 我們的士兵「很勇猛」——他們的士兵「太膽怯」。
● 我們的領導者「意志堅定」——他們的領導者是「邪惡的獨裁者」。

記者和廣播員同樣都會犯一個錯誤，那就是重複恐怖分子的委婉用語來爲他們的行爲開脫；就如同某些記者和廣播員的報導所說的，肯．畢格利和其他在伊拉克遭綁架的受害者並非單純被俘虜他們的人「處決」；他們是殘酷地遭到虐殺的。

＊　＊　＊

英語中有一些有用的字經常被記者們用來把十分不重要的非故事轉換成……一篇故事，這些字不外乎是「如果可以」和「或許可以」這種不負責的假設性用語。就讓我們看看當我們匆匆瀏覽早報時所翻閱到的故事中，這些字眼被運用的有多巧妙：

「據專家表示，一種在綠色花椰菜中所發現的化合物『可能』可以抑制乳癌所產生的影響。」

只要我們每天吃七公斤的蔬菜即可。

「規律的運動『可能』可以提高二十歲年齡層之關節炎病患的免疫力。」

但卻也有可能導致心臟病。

假如現代的記者們在字彙中少了這類的字眼，他們會淪落何方呢？『或許』他們會失業吧！

另外一種十分狡詐又常常會誤導人的辭彙便是「關聯性」。舉例來說，《時代雜誌》在二〇〇四年九月的時候和其他報刊一樣積極登出這則故事：

養殖鮭魚與癌症風險的關聯

昨日有科學家指出，經常吃養殖鮭魚的民眾罹患癌症的機率可能增加。

英國養殖場所飼養的鮭魚受到致癌化學物質十分嚴重的污染，若民眾繼續食用這類鮭魚，後果將不堪設想。

在分析總重超過兩噸的七百條魚後，科學家發現歐洲和北美洲的養殖鮭魚體內的十四種污染物質比野生魚類高出許多。

這類化合物包括了戴奧辛、DDT和多氯聯苯，皆歸類於所謂的「有機氯」中，這些東西和癌症、畸形兒有很大的關聯。

在歐洲超市中所購買的鮭魚其受污染程度十分驚人，以致於每兩個月吃超過一份鮭魚就有可能會增加消費者罹癌的機率……

這個故事的目的便是爲了將「關聯性」、「或許」、「可能」等詞彙結合在一起，期望能夠吸引我們對這篇文章的注意力。食用養殖鮭魚罹患癌症的風險到底有多高？有這麼值得大家注意嗎？機率其實只有一點點嗎？該文章並不能提供詳細說明。吃鮭魚可能會得癌症，不過換句話說，也可能根本不會得；這樣的故事假如經過證實，你就會知道其實得癌症的風險很低；或許這種東西無法以數量來表示；當然要是可以的話，也許就能讓這類故事銷聲匿跡。「蘇格蘭養殖鮭魚罹患癌症的危險性簡直比連續三個禮拜中樂透頭彩的機率還低。」

故事的後續發展中，我們得知科學家們終於完成整項研究，不是英國，而是在美國的科學家。這些科學家還不經意地透露，原來美國的養殖鮭魚要比英國的還要安全兩倍。驚悚的故事往往會「關係」到某些人的既得利益。

英國的養殖鮭魚在故事首次爆發後，銷量在一兩個禮拜內便跌到谷底，但是不久之後，又迅速地回復到正常的水平。而經常大啖鮭魚的老饕罹患癌症的超高發生率還沒被報導過，但或許很快就會有了。

獨家透露我們說謊文化的秘密所在

「獨家」是新聞業最喜歡濫用的一個名詞；該詞在《牛津簡明辭典》中的定義爲「別的地方沒有出版，只有唯一的報社或期刊才有刊登該篇文章或故事」。但是在英國國內諸多報社中，似乎沒有任何一家清楚這個定義；他們好像一直都假裝這個名詞等於「到處都有」的意思。

走過倫敦的維多利亞車站，我留意到《倫敦晚報》的廣告看板上寫著：「獨家：查爾斯欲迎娶卡蜜拉」；獨家？我那天早上剛起床時在廣播上就聽到這件關於這個皇室婚禮的大條新聞。於是這個「獨家」整個上午就在每家電視台和廣播電台大肆宣傳。過了幾個小時以後，就在《倫敦晚報》宣佈它「獨家」新聞的同時，許多其他的地方晚報也在報導一模一樣的新聞。

因此哪有什麼獨家啊？這件事一定就和「某寫眞女郎的獨家照片」一樣，每天幾乎在每個小報上都可見到。

＊　＊　＊

謊言通常就藏在頭條之中：

「布萊爾『已成為大選的不利因素』——工黨內閣大臣透露」

仔細檢查這篇於二〇〇五年二月二十七日刊載在《觀察家》週日報的故事，其中所描述的是一段稍不引人注目的內容：

「根據內閣大臣們的說法，東尼・布萊爾危機變成了大選中的不利因素，因為這位首相正好面臨外界對他的批評，說他的『總統式風格』開始影響工黨對他的支持。」

這是一則針對這個事件所做出的短評，而我們現在僅針對布萊爾變成大選包袱的危機進行討論。且讓我們繼續讀下去。

「官員們認為首相現在應該採取一種較不『總統式』的風格，並且與閣員們一前一後的出現在公開場合，以消弭對於他個人支持度低迷所做的攻擊。

接下來新聞所要關心的是布萊爾的個人支持度使情勢變得更加不利。一位保守派內閣閣員告訴友人說，布萊爾已不被視為珍貴的資產，尤其是對於那些傳統的勞工階層支持者而言。」

最後事實終於浮現了；那些進一步看過這篇頭條和第一篇短訊的讀者們都了解到雖然布萊爾並非眞是個不利因素，但他卻「不再被視爲資產」。而這間報社卻以他最草率、最容易讓人誤解的方式來呈現報導，我們不應該再容許這樣的報導出現在我們所謂的有質感的新聞媒體——或其他任何新聞相關的領域中。

這類的例子多到數不清，不過以下另外一篇文章卻能夠擄獲我的眼光；那就是某一期《話》（Word）雜誌（頂尖音樂雜誌）預告在封面的其中一則消息，其標題是這麼寫著的：「朱利安．克萊利：『我曾接受一位女性的肺臟移植！』」

讓我們回到正題；我們最終還是發現那略嫌單調的眞相。朱利安．克萊利說：「我記得他們在小學的時候常取笑我的聲音，所以我就捏造了這個說法，說我其實接受過女性的肺臟移植，因此我有了女人的肺，這就是我的聲音像個娘們的原因。」

他們難道都沒有羞恥心嗎？

態度、成見和市場力量

英國全國的報紙不論在調性或內容上都有極大的差異；每種報紙其實都反映出個人的偏愛、商業利益、政治立場，以及在更小的程度上，也就是編輯風格。不過這些因子全部都是在一樣且不可抗拒的市場力量促使下產生的。

大部分的報章都會讓自己全心投入良性競爭中；一家報紙可能針對被判有罪的戀童癖犯被放回社會而發出責難；另一家則是針對公共場合吸煙，或者更有可能針對政府預防措施提出批評。當然，他們都希望能夠吸引讀者去分享他們所厭惡的……不論什麼東西都好。不過麻煩的是，眞相總在一路上消失得無影無蹤。

自二〇〇二年以來，有幾家報紙曾大聲提出警告，說我們綠油油且舒適的家園幾乎要被政治難民給淹沒了；這則報導附和著赫斯特和普立茲超過一百年前過份的行爲。《太陽報》則在報導中提出「東歐的盜獵者」已經在泰晤士河中殘殺並烤食天鵝，另外，《每日星報》宣稱索馬利亞人從格林威治公園中把驢子偷去吃了。《每日快報》（Daily Express）在頭條中標示「政治避難入侵」以及「難民，爲了保命快跑路吧！」

等主題，同時還刊登了一則關於警察拘捕了兩名與蓋達組織有關係的立陶宛政治避難者，而他們正密謀行刺英國首相。

不過在這些故事中，卻沒有任何一則具有確實的證據可供證明。關於盜捕兩名立陶宛人的那篇新聞，警方認爲這根本是鬼話連篇，同時也指出他們事先已告知記者「這兩人的逮捕並沒有牽扯出任何國安問題」。

根據一位英國最受景仰的記者的說法，「新聞報導目前已受到偏見、競爭和一般的惡作劇所毒害，以至於沒有一個讀者不首先注意誰是這家報社的老闆，或誰才是這個報紙的發行人的情況下，指望自己能想像到所發生的事情。」

記者的工作並非像這樣例行性的受到阻礙；而爲國內各報社賣命的記者和專欄編輯通常都相當了解他們受命負責的政治、社會和商業等各領域的知識。不過這些記者通常聰明反被聰明誤。

《時報雜誌》曾透露，葛拉佛的辭職讓他成爲「言論自由下的殉道者」；不過，假如仁慈的梅鐸先生決定大刀闊斧的解雇員工，那還有多少殉道者會出現在《時報雜誌》中呢？

最棒的敵人

記者和政治人物在公眾信任度排行榜上敬陪末座，這一點也沒什麼好意外的。在相當大的程度上，他們將彼此拉進萬丈深淵，無情的互控說謊和詐騙，兩者所進行的許多行為都沒辦法增加對方的公眾信任度。

當查爾斯．克拉克擔任工黨主席時，他曾表示記者「無所不用其極的將民主政治搞得聲名狼藉」。而《太陽報》先前曾表達過一種觀點：「政治人物是悲哀、下賤、討人厭且無能的懦夫，他們的私生活讓所有老百姓反胃。」

倫敦市長肯．李文斯頓曾控告《倫敦晚報》對他進行「充滿仇恨」的抵制。同時也認為所有報刊老闆都是「一群卑鄙的小人及極端保守的偏執狂」。

在二〇〇四年下議院的公共行政委員會質詢政府通訊政策時，政治人物和新聞界就發生了洩怒的情事。《每日郵報》的總編輯保羅．戴克雷指控首相的前發言人阿拉斯泰爾．坎貝爾應該對人民普遍的政治悲觀態度負責。而委員會中工黨的下院議員們也藉由指控戴克雷的新聞「嚴重損害民眾生活」的動作來回敬。

戴克雷則表示政府這部撒謊機器幹盡扭曲事實及操弄媒體之能事；他舉出一級方程式賽車大老闆伯尼・埃克萊斯通、英國印度裔富商印度亞兄弟、印度裔鋼鐵大王米塔爾和下議院議員喬佛瑞・羅賓森的醜聞皆破壞掉大眾對唐寧街在誠信上的信心；他指責阿拉斯泰爾・坎貝爾個人是「整個說謊文化的始作俑者」。

但相反的坎貝爾也對委員會提供證據，他聲稱要對普遍認知的「謊言」負90%責任的應該是媒體，而不是政治人物；他形容政府和媒體的關係「非常不健康」，同時還認爲「政治人物並不如報導他們的媒體那樣的壞」。他強調，有些記者會問些白癡問題、寫些胡說八道的文章並且說謊，假如他因此而嚴厲批評他們的話，便會遭受反擊。

阿拉斯泰爾・坎貝爾和BBC之間的仇恨，就在BBC的國防記者安德魯・基利根抨擊政府爲了證明入侵伊拉克的合法性而誇大了國防部的報告，因而爆發出一場災難性的效應。基利根認爲政府在聲明中強調伊拉克可能有本事在四十五分鐘內投放大規模毀滅性武器，但卻心知肚明這項消息或許是錯誤。而坎貝爾則一再憤怒地指控該電視公司散播不良新聞報導——同時更要求他們撤回這類不實的描述。

當然，就在政府的武器專家大衛・凱利博士被指稱爲基立根提供消息來源而自殺後，這個事件便宣告落幕；而在替政府洗刷罪名的「赫頓聆訊」（Hutton Inquiry）（在ＢＢＣ和許多觀察家的眼中，也可說是替政府掩飾眞相）中，上議院高級法官布萊恩·赫頓斷定基立根在第四電台「今日」節目中的報導是沒有「事實根據」的。隨後ＢＢＣ在質詢中表示記者的方法是錯誤的且判斷力不足。

當然，事實就是許多記者，不管是不是ＢＢＣ電台的，其扭曲事實的行爲遠比基立根所犯的還要嚴重。只是基立根運氣比較不好，他在新聞判斷上的錯誤，或可說是他口中的「誠實的錯誤」，正好被工黨的狠角色阿拉斯泰爾·坎貝爾逮個正著，因此進而成爲打擊ＢＢＣ電台的一件凶器。大衛·凱利則成爲兩個任何自由、民主的社會都存在的強大力量——國會和新聞界——鬥爭之下的犧牲品。

接下來不到一年的時間，這兩個具有影響力的團體再度槓上，當時《每日電訊報》指控工黨議員喬治·加洛威已經被獨裁者薩達姆·海珊所收買。這家報社的記者在巴格達外交部那邊找到了與這位政治人物的罪證有關的資料。

《每日電訊報》的頭版於是在幾天之內便揭露了這個事件，該報宣稱加洛威每年透過伊拉克石油換糧食（oil-for-food）計畫的資金轉換而獲得大約三十七萬五千英鎊的報酬，另外他還利用一個救助一位伊拉克血癌少女的慈善募款行動，作爲他個人謀財的掩護。該報暗指加洛威犯了叛國罪。

加洛威當時正好和工黨越來越疏遠，他馬上提出告訴。他明確否認報章上所做的陳述，同時也控告該報對他政治生涯已帶來致命傷害；他認爲在伊拉克外交部所發現的資料顯然都是粗糙的僞造文件。該報強調他們有責任刊登這些資料，即便沒有任何證據能夠證明這是眞的；同時他們也聲明自己新聞報導的立場絕對是中立的。主審法官則認爲《每日電訊報》的相關執行人員佯稱自己是以中立的立場去報導該事件；法官說：「他們不只是提出主張，同時還依本身的喜好和熱衷的方向來接受這樣的報導；不但如此，他們還對這些報導加油添醋。」於是他命令該報得支付十五萬英鎊作爲賠償，外加訴訟費用，《每日電訊報》就花了超過一百二十萬英鎊。

尋找真相

在這個事件中，誠實的政治人物戰勝了說謊的記者——這反而使新聞界的誠信遭受嚴重的打擊。不過這類的戰爭還沒結束呢！

我們應該相信記者跟我們說的任何話嗎？

《衛報》的影評彼得．布萊德蕭曾經與《每日郵報》的資深專欄作家彼得．邁凱共事過；布萊德蕭說他不時會指出這位大人物在專欄上的錯誤。「小子，」邁凱則習慣這樣回應，「別指望你會相信自己寫在報紙上的任何東西。」

根據MORI民調所做的調查指出，當我們在街上被問到自己是否會相信報章上看到的東西，我們大部分有可能都會說「不相信」；但我們真的能確定嗎？這些報紙的影響力可能是很微妙的，它們可能會在我們潛意識裡不知不覺的產生作用，直到我們在酒吧或晚宴中引述這些報紙的內容來支持我們的論點為止。「嗯，根據《每日郵報》的文章所寫的，你大錯特錯了。」我們可能會不經意說出這些話，然而照慣例接下來一定會冒出這句話：「不要相信任何你在報紙上看到的東西。」

基本上，我們其實都會相信報紙所寫的東西。所有的報紙都了解它們的讀者，並且知道如何去滿足他們的喜好和需求。身兼作家和專欄編輯的約翰．歐法瑞爾的看法是：假如你不相信報紙所寫的報導，不妨將錯就錯的讀完它。

對於那些不想再看到扭曲或偏頗照片的人，唯一獲得真相的方法就是閱讀每份報紙，並且試著去推斷眞相；當然，你也可以半份都不看。

新聞業具有探究眞相這項偉大且光榮的傳統；若干年來記者們拋頭顱、灑熱血、奉獻生命以克盡職責。無辜的良民獲得釋放、詐騙的行爲被揭穿、醜聞被踢爆，以及政客的惡行被發現等等，記者儼然成爲罪惡和貪腐的宿敵，不論它們出現在什麼地方。

不過，如同我們所看到的，這只是新聞業的其中一面罷了。

國際新聞工作者聯合會的指導守則，在誠實這個項目上有著明確的說明：「尊重眞相以及大眾了解眞相的權利，是記者的首要職責。」紐約大學新聞學兼大眾傳播學教授傑・羅森同意這個看法：「記者不但是政治共同體，同時也是公民的一分子，而不是我們公眾生活的旁觀者……新聞業的主軸就在於承認這個事實，並且同時說出眞相。」

Chapter 8

卑劣的謊言

◆ 說謊是一種違背自己的良心的罪行，以及一種會眼睜睜讓一個人變得卑劣的卑鄙行徑。

——康德——亨利・泰勒爵士

卑劣的謊言

蘇格蘭人亞瑟・佛古森看起來就像一個誠實的人。一九二〇年代，有許多到倫敦觀光的美國遊客都未曾懷疑，他是否眞的擁有可銷售的房地產。

遊客在他精心設計的謊言下，傻傻的被騙走了大筆金錢。比方來說，現付一千英鎊就讓他們買下倫敦聖史提芬塔的大笨鐘；二千英鎊可以得到白金漢宮鑰匙，只要一次付六千英鎊就可以得到整個特拉法加廣場。尼爾森柱和國會大廈也是他以誘人價格拋售的另外兩項資產。

到了一九二五年，佛古森把他的詐騙手法搬到美國去；佛古森把白宮賣給出價十萬美元作爲頭款的一位農場經營者。直到有一次當他試著將自由女神像賣給一位澳洲觀光客時，該名澳洲人跑到警察局去報案，他的騙局終究還是瓦解了。

他的同行對手維多・拉斯提格也不甘示弱，他曾經成功的將艾菲爾鐵塔賣給兩名廢五金商人，不過法國憲兵最終還是將他繩之以法。

佛古森和拉斯提格兩人都是技巧高超卻不講道義的騙子。他們的騙術讓他們賺進了數不盡的財富——儘管他們最後還是被抓進牢裡。這兩個人並不像你我這種的外行騙徒，他們十分專業，對他們來說，謊言和騙局不過是做買賣的基本手段。他們的才能都是我們打年幼起就顯露出來的，而他們利用這些天分來達到自私和犯罪的目的。

這個世界不乏一些會利用他人容易受騙或貪婪的特點，來進行敲詐和欺騙的人。這種騙取他人信任的人，只不過是黑心又巧言舌辯的壞蛋，他們就藏身在我們生活的謊言叢林中最陰暗的矮樹叢裡；而這種手法巧妙的罪行也不是一天兩天的事了。

早在一六四四年，富有自我風格的「獵女巫將軍」馬修．哈普金斯開始著手替英格蘭村莊消滅所有的女巫。實際上，這只是個致命的騙局，目的是爲了讓哈普金斯獲得豐碩的財富。他在每個村莊可以賺到二十英鎊的報酬——在當時這是筆不小的數目；不過他自稱可辨識女巫的能力完全是編造出來的。一般人都相信女巫不會流血，因此他在使用的刀上面換上可縮回的刀身，來讓人家誤以爲此刀可刺入被誣告的女人身上的肌肉。接著哈普金斯採用剝奪睡眠的方式——他讓受害者保持清醒長達三天，以便讓他們更容易招供。在他兩年的獵女巫生涯中，他讓超過一百位民眾因巫術被處刑，直到後來懷疑他手段的人越來越多，最後才讓他的騙人勾當畫下句點。

約八十年前，瑪莉・托芙茲不只說服一般民眾，連高高在上的英王喬治一世都相信她生了許多兔寶寶，此舉也讓她獲得了名聲和大筆財富。當時英王的外科解剖學家納丹尼爾・聖・安卓檢查這位「住在高達明的育兔人」後，在報告中指出他目睹了「兩隻難產兔子的分娩」。顯然，英王對此留下深刻印象。

之後瑪莉繼續生了一胎六隻兔寶寶——但很不幸的，又全部難產死了。瑪莉設法用很簡單的伎倆——把兔子往上推到體內——來完成整齣騙局。最後，權威專家們開始起疑了，他們揚言要進行一項手術來仔細查驗這個不尋常的現象，於是瑪莉便招出她的詐欺行為。有一個女人把她的事情供出來，顯然，她也是提供兔子的人。接著瑪莉便被押解到布萊德威爾監獄。

近代最知名的騙徒或許是法蘭克・阿巴格涅，李奧納多・狄卡皮歐曾在史帝芬・史匹柏的電影「神鬼交鋒」扮演過他。故事的背景發生在一九六〇年代中期，當時年紀才十幾歲的阿巴格涅假冒過機師、醫生以及律師，他以假支票兌換過的現金總額超過二百萬美金；阿巴格涅最後被捕入獄。在服刑五年之後，阿巴格涅改頭換面，換了一個新的身分：他成為舉世推崇的專家，專門調查身分與支票偽造案件。許多公司行號和警方都曾經採用過他的防偽方案。阿巴格涅過去說過一句話：「我認爲自己過去的人生不僅不道德、敗俗而且還違法；我無法對這段過往的歷程感到驕傲。」

有些騙子的形象和藹可親，就像保羅．紐曼和勞勃．瑞福在「刺激」一片中所飾演的角色，栽在他們手上的受害者和目標人物其實都是貪婪且罪有應得的惡棍，當然，這整篇故事完全都是虛構的。騙子通常會說服老人家乖乖掏出退休金，讓他們「妥善保管」，或者慫恿別人投資他們空頭公司的救生器材。他們所犯下的卑鄙罪行都足以毀掉他人的一生。

這些人就像三十六歲的羅伯．亨地．福瑞加爾，倫敦警察隊的警官鮑伯．布蘭登就形容亨地．福瑞加爾是他當差二十五年來所見過最高明的騙子。亨地．福瑞加爾這位前酒保冒充成一名密探；在被捕之前，他總共從八名被害人身上誆騙了將近一百萬英鎊。在被發現犯下綁架、偷竊和詐欺等多項罪行後，亨地．福瑞加爾隨即在二〇〇五年九月被判處無期徒刑。當時法庭曾聆聽他描述自己如何欺騙被害人，說他們已被愛爾蘭共和軍（IRA）追捕，以及他們的生命危在旦夕等等的過程；那些受難者不但在肉體受到摧殘，精神上更遭受嚴重的創傷。在場的陪審團甚至得知，部分受害者至今仍無法完全從這個慘痛的經驗中恢復正常。

＊　＊　＊

大腦掃描能顯示出我們最基本、原始的本能便是說實話，可是同樣的我們也具有第二種與生俱來的能力來抗拒這種本能——這種第二本能即是說謊。換句話說，我們是可以選擇的。罪犯型騙子會大量地使用這種第二本能；他們的罪行得利於受害者好騙、貪婪等特性，同時他們還利用了人性相當高尚的一項特質——那就是信任。

我們的社會就建構在信任這個主要的基礎上；當信任為我們所接受時，儘管一部分的人會煽動許多嘲諷的言論，儘管有相當多的證據顯示我們的父母、朋友、同事甚至是政治人物有很多時間都在說謊，但我們還是選擇相信他們對我們說的話。

我們相信大多時候聽到的話，因為我們必須這麼做，也想要這麼做。當朋友跟我們說有聖誕老人時，我們願意去相信他們；當朋友恭維我們平庸的烹飪技巧時，我們願意去相信他們。當希特勒告訴尼維爾・張伯倫說他沒有進一步的軍事野心時，張伯倫願意相信他的話。

我們必須相信人們都在說實話，這是因爲要在相信與不相信間做出選擇，是難以想像的事情。假如我們老是覺得人們在說謊，疑東疑西，一點也不相信表面意義，質疑他人動機，過度檢驗我們所聽到的每件事，從不接受讚美，覺得諾言都會被違背、所有的保證都可食言——甚至不再相信聖誕老人的存在——那麼世界會變得何等異常？

失去信任，我們將不再彼此合作，社會將會瓦解；然而，就如同我們將在最後一章探究的，沒有半個人說謊的世界，情況也許會變得很糟糕。

全球資訊網的騙局

大眾傳播已成爲新型態且狡詐的「說服性犯罪」工具。冰冷的十指所輸入的謊言現在已侵入到我們每個家庭——接著再進一步利用我們信任他人的天性。

不管哪一種陳述方式都不會比以頻繁的次數傳送到世界上每戶人家和各公司行號的電郵、傳眞或郵遞等方式看起來更具可信度。

爲了讓各位了解那些在手法上你並不熟悉的傳達方式，以下有一個眞實的範例：

先生您好：

受奈及利亞國家石油公司所託與您聯繫，希望能藉由您的幫忙來解決一個問題。奈及利亞國家石油公司最近為撒哈拉以南地區的石油探勘簽訂了許多合約；而這些合約直接產生等同於四千萬美金的資金。奈及利亞國家石油公司很渴望在世界上其他地方進行石油探測，然而，礙於奈及利亞政府的某些規定，我們不能將資金移到其他地區去。

我們需要您以非奈及利亞公民的身分來幫助奈及利亞國家石油公司以及奈及利亞中央銀行。假若資金可以轉移到您的名下，您的帳户之中，接著您就可以依照奈及利亞國家石油公司的指示來轉交這筆資金。

為了交換您所提供的協助，奈及利亞國家石油公司將同意您保留10%的資金，或四百萬美金作為報酬。

然而，為了在奈及利亞的法律下達成合法的資金轉移，您目前必須至少將十萬美金存入任何一家由奈及利亞中央銀行所控管的奈及利亞銀行中。

要麻煩您盡早撥打電話18-467-4975與我連絡，時間是本事項最重要的因素；很快的奈及利亞政府就會知道這筆資金存放在中央銀行中，之後他們便會設法從中徵收特定的存託稅金。

寄信人：阿爾塔卡・尤爾曼尼
奈及利亞中央銀行
奈及利亞，拉哥斯市

在這個主題上有非常多迴異之處，其中很多出自於奈及利亞。通信者的姓名可能已經更改過了，不過中心訊息依舊沒變：「寄些錢給我們，我們將讓您超乎想像的富有。」

但沒有半個人會被這種顯而易見的謊言給騙了，不是嗎？似乎他們想要在全球資訊網的騙局中來個亂槍打鳥。這種「奈及利亞預付費用的電郵詐財事件」，光是在美國每天就騙走了超過一百萬美金。而在英國，則是平均每位受害者被騙走超過五萬英鎊；而英國國家刑事情報局則估計，英國經濟每年所造成的損失就高達一億五千萬英鎊。

這些詐騙事件的藏鏡人對於本身行騙的能力總是抱持無比的信心；國際刑警組織所

掌握的證據指出，部分的騙徒還會與之前的受騙者聯繫，並且假冒奈及利亞政府人員調查詐騙事件，然後要求被害者在他們的錢取回之前先繳交一筆預付金。

順道一提，這類犯罪手法的催生者可能只是一位名叫奧斯卡・哈塞爾的貧窮農家少年，他在大蕭條期間突發奇想的用德瑞克的匿名與美國中西部的民眾聯繫，告訴他們可以取得英國水手法蘭西斯・德瑞克所遺留下來無人領取的大筆財富，而這筆財富的總額含利息高達一千億美金；這些民眾唯一要做就是支付上法庭向英國政府取得這筆金額所需的成本；哈塞爾承諾他們所投資的每一塊錢都會爲他們賺進五百美金。於是資金開始從美國各地大量湧進，匯款者不論窮人、富人都有；教會牧師們也掏出了教會裡的捐款。即便是最後哈塞爾的謊言被揭穿了，還是有人繼續寄錢給他——而當時哈塞爾已經在監獄中了。

網路上的預付金詐騙手法就是以一種病毒的表現形式來進行線上詐騙；就算是電腦白痴也能夠經由僞造的線上拍賣、假的預付金貸款方案以及騙人的商業投資機會來從中取得金錢。

二〇〇五年五月，網際網路服務提供者AOL（American On Line，美國境內提供線上加值網路服務的公司）曾經透露，在英國的網路使用者中，每二十位就有一位在線上詐財中被騙錢。他們當中幾乎有半數的人都收過俗稱「網路釣魚」的郵件，其目的就是要使他們經過誘騙乖乖套出網路銀行密碼。

網路世界的騙子眞是無處不在。

否認

極少數的罪犯被逮捕時會回一句話：「這個逮捕動作是依法進行的，我有權保持緘默。」這種抵賴罪行的本能通常在年幼的時候便開始建立了。就像之前我們所探討過的，當你讓一些小朋友留在一間房間內，同時告誡他們不可以回頭看身後的玩具時，他們幾乎都會回頭看它；之後在詢問他們的時候，幾乎當中的三、四歲孩子會拒絕承認他們偷看過。

成人會更明確地表現出相同的行爲，特別是當他們被指控犯罪的時候。「我不可能幹這種事情，我當時在馬爾蓋特鎮。」；「我是因爲玩板栗遊戲擦傷我的指關節。」；「我這輩子從來沒有看過那根鐵撬／被竊的信用卡／那把獵槍／那包古柯鹼。」

自我頭一次申請美國簽證，我就很想知道，是否有人曾經受到申請表的引誘，供出他們所犯過的任何一種罪。

申請人得依指示來針對下列問題勾選「是」或「否」：

●是否曾經非法散佈或販賣管制性物品（如毒品），或者是從事性交易工作，或淫媒工作？

●是否試圖來到美國從事違反出口管制之情事，或任何其他非法意圖？是否為美國國務卿所指明之恐怖組織的成員或代表？是否曾參與德國納粹政府所指示之迫害行動，或曾經參加過種族滅絕行動？

爲了鼓勵毒梟、性工作者、恐怖分子、納粹分子和種族屠殺狂熱者忠實地塡寫表格，美國國務院周詳地補充下列這條：

●勾選任何「是」的答案並非表示會自動喪失簽證獲准之資格。

此時在英國，供稱謀殺仍然會讓你在法律上自動招來麻煩。一九九六年十二月，前模特兒特拉西・安德魯斯在相當長的一段時間內，否認自己曾編造過任何精心策劃的謊言來掩飾自己刺穿男友李・哈維胸口三十刀，而將他殺害的犯罪事實；她向警方表示，哈維是死於「道路憤怒」的攻擊行為——一名身材肥胖的男性直瞪視他們，在追逐他們的車子大約五英哩遠後，便把她男友拖下車，把他活活刺死。

特拉西・安德魯斯的謊言最後在法院上被拆穿，被判處無期徒刑。諷刺的是，不誠實的否認有時卻比誠實的否認更容易讓人信服。內行的犯罪型騙子在相當大的程度上，會爲之後的交鋒對質做好準備；他們編的故事所產生的效果都相當不錯，同時還能提供說服力。相反的，當被誤控有罪的無辜民眾，在致命的間接證據前辯稱自己無罪時，卻往往看起來像是在說謊。

澳洲人蓮蒂・張伯倫因爲謀殺幼女而被判處無期徒刑，同時併服勞役；她已入獄服刑超過三年。不過最後的證據還是支持了蓮蒂的說法，那就是小寶寶其實是被一頭澳洲犬拖出去咬死的，當時他們一家人正在艾雅斯岩附近露營。她起先在法庭上的證詞被認爲是相當冷血且無情的，這才導致陪審團一致認定她有罪。

錯誤審判的事情並非罕見；司法制度永遠都沒辦法確實判斷出騙子和誠實者之間的差別。當然，沒有人會知道現在有多少無辜的民眾正蹲在苦窯裡面對無盡的歲月，也沒有人知道多少有罪的騙子已把司法玩弄於股掌之中。

＊　＊　＊

虐童的不實辯解對於護理人員、老師或其他兒童相關的職業工作者來說，都是一種職業傷害。麥可・伊夫律師專門爲那些被誤控爲虐童者的客戶打官司。他認爲警察和法院的制度所做的假定已變得不太健康，因爲他們認定當一個兒童控告成人時，一定是實話。

過去的四年來，伊夫已代表超過五十位宣稱被誤告對兒童性虐待的成人；這些案件全部都送入法院審理，而其中有兩位客戶被判定無罪。爲什麼會有這麼多無辜的人落到這步田地？伊夫說：

「問題就在於兒童對於受虐所做的申明，警方並沒有明確的進行調查。他們斷定兒童不可能說謊，因此最後只能取決涉案的成人是否能證明自己是無辜的。每間警察局都有負責兒童保護的警官，他們過去的經驗似乎都令他們深信兒童是不會說謊的，那不過是一種眼光狹隘的看法。」

心理學家的研究透露，幼童非常有可能會說謊，這一點也不使伊夫感到驚訝；他認為：「在我的經驗中，兒童的操縱手法十分令人稱奇；這簡直令人難以置信。他們什麼謊話都會講，這使得我的客戶瀕臨十分凶險的處境，他們不得不證明那些孩子都在說謊。」

他聲稱在法庭的環境中，要質疑一個孩子說謊，是一件非常困難的事情；「你會永遠處在如履薄冰的狀況，假如你懷疑一個孩子的證詞，他就會突然嚎啕大哭，而陪審團自然就會同情他們，這對被告的論據會有不利的影響。」

麥可．伊夫所採取的方法便是著手調查整起控訴的背景。

「不同於警方，我們對每項細節都要仔細的尋找；我們會審閱學校報告、社會福利機構的紀錄、稍早的訴狀以及先前對性虐待賠償所提出的申請。

他說謊的動機可能是因爲老爸老媽離異，孩子跟老爸一起生活，但老爸卻禁止他跟老媽碰面，因此孩子可能向他人暗示：『老爸對我做了一些行爲』。也或許他的動機來自於經濟；孩子的父母會鼓勵孩子宣稱自己遭人調戲，以便他們去申請賠償。」

謊言的施展場所

進入刑事法庭，還希望能聽到「實話、毫無保留的實話、貨眞價實的實話」的人，可能要失望了；儘管法庭的功能是要對眞相進行調查，但多半也只是個讓謊言有所發揮的場所。英國司法制度的基礎在於控告和反駁；姑且不論有些被告人是否眞的無罪或者原告是否眞的搞錯了，在其他情況下，謊言確實是整個過程中最免不了的一部分，不管到底是原告在說謊，還是被告說謊。

犯了罪的被告可能會藉由說謊以求絕處逢生，這一點也不會讓人感到驚訝；但在法庭的場景下，另外還有誰一樣犯了說謊的罪過呢？這肯定不是律師，律師是可靠、誠實的公民，社會的棟樑，對抗不公與邪惡的尖兵。是他們幫我們簽護照申請表的，我們信任他們。當然，我們也知道他們可能會用「在下」、「當事人中的第一人」，以及其他法律措辭的廢話來把我們搞糊塗，但他們確實沒有說謊，不是嗎？

在湯瑪斯．莫爾的小說《烏托邦》中，所有的百姓中「沒有半個律師，這是因為他們認為律師這一類的族群，他們的職業就是把事情眞相隱瞞起來。」詩人強納森．史威福特則把律師形容為「一種人類族群……打從少年時期就培養出一種技巧，那就是為了將白的說成黑的，黑的說成白的，他們藉著渲染的話術來提出證明，只要你有付錢給他們的話。」

現代的觀察家可就愼重的多。社會科學家柏恩斯曾寫過這麼一段話：「律師可以根據他們試圖引起的反應性質，來扭曲問題在文法上的形式並向目擊者發問。」他補充說：「我想，這會增大謊言的概念來加以毫無限制的使用，就好像你問一個問題說：『你從何時開始停手不打你老婆？』其實這句話的目的不但是要騙人，同時必定想要讓人落入圈套。」

在大部分的情況下，職業慣例會使得律師必須拒絕為那種他們「確認」有罪的客戶辯護。但假如律師僅「懷疑」客戶說謊，他便會做好心理準備去運用各種的證據和策略，讓客戶最終無罪釋放，倘若有必要，在控告的過程中他還會利用法律的漏洞和技術上的不正當行爲來達到目的。

律師保羅・德魯曾在他極度懷疑客戶有可能犯罪的情況下，幫許多客戶成功的達成辯護工作。每當客戶跑來跟他講一個十分可笑的無罪說詞時，接下來他會怎麼說？

「我會說我相信他——因為他是我的客戶——不過陪審團可能不這麼認為，同時假如在客戶持續為案件答辯，最後被判處有罪時，大家就不會相信他先前有罪的答辯。假如他堅持繼續抗辯下去，這會讓你認為他或許正在說實話。」

德魯想起曾經有位客戶，她是四個孩子的媽，因爲持有毒品意圖供應他人而遭到警方逮捕；她堅稱這些毒品是警方栽贓給她的。儘管德魯對她的說詞抱持著十分保留的態度，但他還是出面幫她在法庭上辯護。然而，陪審團並不相信她的說法，於是最終被判緩刑。在他客戶的堅持下，他就開始針對警方要求民事上的損害賠償。警方最終在兩名相關警員拒絕提供證據後支付賠償金。但保羅・德魯還是很想知道到底是誰在說謊。

律師的責任就是對客戶盡最大的能力，因此這就會導致一些荒謬的抗辯論點產生，就如同一九九二年七月時提交到洛杉磯法院的一宗案件一樣。

根據辯護律師的說法，疑似縱火的嫌犯道格拉斯是一連串離奇巧合下的受害者。這起縱火案中的目擊者指稱這位二十二歲的前消防受訓人曾出現在九成的火災中救火，他負責的是裝置的工作，往往也會協助救火或在事故區域內疏散民眾。

七月四日美國國慶日當天，當亨季克在電話中請求消防員前來他家門前的垃圾箱救火以後，一連串奇怪的事件就此展。在接下來的幾個禮拜中，亨季克和其他的九場火災有密切的關連，其中一起火警發生在他前女友家中停放四部汽車的車庫內，恰好在幾天之前這對情侶便已經分手；而另一起是位在亨季克工作的「喜劇與魔術俱樂部」內。兩天之後，這家俱樂部發生了第二次火災，超過二百名民眾被迫撤離。這件事過了沒多久，又有一場火災突然發生在當地一家汽車駕駛學校，而亨季克剛好也在這兒上課。

不過單憑亨季克在不到七個月內出現在九場火災上，這並不表示火災就是由他所引起的，他的辯護律師戴瑞爾・傑尼斯如此解釋著。「你們完全可以相信，」他向陪審團說，「道格拉斯・亨季克只不過是一個倒楣透頂的受害者罷了。」

沒有任何一個國家的陪審團會輕易相信如此離奇的答辯，但保羅・德魯卻承認顯然有一些有罪的被告在高明的律師幫助之下，都能夠從他們的罪行，或甚至是殺人的罪行中僥倖脫身；「被告在被證明有罪之前都是無辜的，而檢調單位則必須有證據可以證明他們的論點。」他說道，「這些對英國司法制度來講都是最基本的原則，意即是指有些犯罪的人順利說謊過關，但也有更多的人在緊要關頭不只是說實話而已。法律的規則和犯罪的手法也很重要——就如同眞相般的重要，這些都是司法最基本的要素。」

一旦有罪的被告說出他在法庭上的第一個謊——「我是無辜的，法官大人」——於是支持謊言的全副武裝自然會隨之產生。辯護律師會幫忙並支持這些動作，不過他只會認爲這些謊言都是一派胡言；其實他並不了解。

對於被告與檢調而言，另外一個會出現在這個充滿謊言的場所便是案件目擊者。有若干動機導致他們不夠誠實；他們可能是被告的朋友、家人或一起犯罪的共犯。他們也有可能是檢調單位的證人，其中包括警察，他們本身也想要看到「正義獲得伸張」的動機，不論結果究竟如何。

加拿大心理學家塔娜・迪寧博士擔心北美洲的法庭對於說謊正建立起不健康的寬容態度。

「發過誓後說謊是每個人都會幹的事。」她強調。警方顯然已經習慣稱之為「偽證」。迪寧說，前美式足球明星辛普森案就提供了許多關於警方在證人席上作偽證的例子；本案法官則表示，當中的兩名警員尤其顯露出一種「絲毫不在乎眞相為何」的態度。但他並沒有對他們採取任何行動；「我們所生活的這個時代中，即使是最囂張的藐視眞理，也比法官不中聽的話要好一些。」迪寧說。

她引用加州阿拉馬達郡高等法院的法官羅德瑞克・鄧肯的話說：「發過誓後說謊，在大多數案件中已變成一種公認的要素。」法官還描述有一次當他向當地檢察官提出一個偽證案件時，他指出該目擊者「在我的法庭上承認作偽證」。還是一樣，檢察官沒有對他採取任何行動。

迪寧的結論是：

當我們的法庭連最可惡的謊言都能忍受，不僅我們要冒著失去任何關於「依據真相做出裁決」的風險，另外還要喪失我們對真相道德原則的信念；假如我們的法庭顯露出忽視誠實的態度，那麼還有人會在乎是否吐露實情嗎？假如我們不相信法庭會支持說實話的原則，那我們還能相信誰呢？

法官大人，我說完了。

Chapter 9

火燒屁股

◆ 失去信任，我們將不再彼此合作，社會將會瓦解；儘管沒有半個人說謊的世界，情況也許會變得很糟糕。

火燒屁股

到目前爲止，我們不得不承認這個世界充斥著拼命想要誤導和欺騙我們，並決定將我們洗劫一空的騙子。因此，假如我們能夠輕易地認出他們，假如他們有著在廣大人群中能夠被一眼認出的鮮明特徵，那事情就好辦多了。

「金幣現在在哪裡？」小仙女問道。

「我把它們搞丟了。」皮諾丘這麼回答，但是他撒了謊，金幣根本就在他口袋裡。就在他講話之際，他原本就不短的鼻子，現在已經增長了至少兩吋。

「你在哪裡弄丟它們的？」

「附近的樹林裡。」

說完第二個謊，皮諾丘的鼻子又長了幾吋……

本書所進行的研究顯示，房地產仲介、政治人物和二手車業務員鼻子的平均長度，其實和一般國民的平均長度沒什麼兩樣。因此皮諾丘的故事根本嚇不了人。

騙子穿的T恤上絕對不可能寫上「我是行徑卑劣的騙子」，不過他們卻有一種特性來展現自我，例如積習難改的騙徒表面上說自己靠救濟金過活，但實際上卻揮金如土；當老闆質問詳情時，經理便盜用新進員工的點子；還有外遇的丈夫與「同事聚會」後回家，領口卻留下鮮紅的口紅印。

但這些都不是出色的騙子，他們只不過是惡劣、笨拙且天分不足的騙徒。優秀的騙子很難被人揭穿，就像英國史上最壞的殺人狂哈洛德·雪曼，是表面上看起來很正常的家庭醫師。數十年來，雪曼不斷安慰病人，舉動眞的就像在爲病患追求最大利益，但實際上他卻是偷偷地在奪走他們的性命。他是一個圓滑的騙子，他沒有陰險的笑容，也沒有邪惡的眼神——難怪他這麼難被揭穿。約克郡開膛手彼得·薩特克里夫在警方調查他駭人聽聞的凶殺案時，他至少接受過不下九次的訊問。他被釋放了不知道多少次，因爲他讓負責審問的人相信他是無辜的。薩特克里夫就像雪曼，都是極爲出色的騙子。

如果不用電擊或撬開指甲的逼供方式，要怎麼從那些打死不招的僞君子或冷靜無情的騙子身上逼問出實話呢？過去「好警察、壞警察」的多重心理層面的詢問技巧，是辨識犯罪性謊言最有效、非完全合法的方式，但這卻在一九八四年「警察與刑事證據法」頒佈下銷聲匿跡了，這是因爲「警察與刑事證據法」要求在偵訊時一定要留下紀錄。

不過，好消息來了。心理學家、精神病理學家和電子工程師毅然投入計畫，希望不久後能將四處流竄的騙徒繩之以法。我們所指的並不只是大規模殘殺的兇手。而技巧和科技的結合將有助於我們偵查到最隱密的詐騙手段。

揭發謊言的秘訣除了要辨識出陳述中最起碼的可疑之處外，還要辨認出伴隨著語言的表面肢體動作。很多人在一生中都習慣用有趣但不實的詳述方式，來美化對事件所做的說明，這能讓故事變得更完美。但是最荒謬的因素卻往往被證明是眞的，這很容易就會得到錯誤的結論。就我們所知道的，事實往往要比謊言來得更不可思議。假如你的員工曠職眞的是因爲他被外星人綁架了，或者，留在妳丈夫衣領上的口紅印是因爲一個嫵媚的陌生女子把他誤認爲湯姆．克魯斯所留下的，你還是會想聽到更具說服力的說詞。爲了準確辨識出眞的騙子，我們必須採取更深入的觀察。

一開始最明顯的地方便是他們所用的字彙。在心理學家艾爾德．威瑞的著作《看穿謊言和騙局》（Detecting Lies and Deceit）中，他認爲一些複雜技巧可以用來衡量字句上的陳述是否眞實。有一種方法被稱爲「陳述正當性評估法」，這原本是德國發展用來確認兒童目擊者可信度的方法，現在已成爲許多歐洲國家拿到法庭上作爲承認證據之用。

「陳述正當性評估法」的目的主要是確認對方是否說實話——而不是去辨識謊言。威瑞強調，若要認出謊言，我們就必須更深入的探究；我們必須應用「現實監測」的理論。這個理論承認眞實經驗的記憶和憑空想像的回憶有所不同，同時人們在回想這些經驗的時候，說出來的話也會不一樣。理論上，「現實監測」可以揭發謊言。

其實重點不在於我們說了些什麼，而是我們用怎樣的方式去描述。艾爾德・威瑞依語氣、音調、說話速度、表述時的音量和停頓的長度來找出說謊的信息；他所做出的結論就是：**騙子會提供較不可信的答案，回應的內容也比較簡短，比較少提到自己，並且還會做出較間接的回覆**。

當然，事情並沒有那麼簡單。大部分的心理學家都承認，沒有任何的語音分析是確實有效的，除非這種方法可另外搭配其他可以透視我們情感的線索。

像美國心理學家保羅・艾克曼這樣的測謊專家則可以從各種信號的微妙混合來辨識

謊言，如語言、肢體動作和顯露內心情緒的表情。他認爲假如人們預測到自己有任何一絲說謊的徵兆，他們就不太會去說謊——不過這種機會根本沒有。說謊根本沒有任何徵兆——沒有手勢、沒有表情或任何肌肉的抽搐來表示一個人在說謊；唯一的線索就是那個人還來不及準備，情緒的線索無法配合他所說的話。

艾克曼說：「要揭發謊言並不是件簡單的事；其中的一個問題就是資訊的阻撓。一次有太多東西要考慮，太多來源——如話語、停頓、語調、表情、頭部動作、手勢、姿勢、呼吸或臉色蒼白、冒冷汗等等的跡象。而所有的這些來源可能會同時間或部分相同的時間上傳達訊息，並且引發揭說謊者的注意。」

艾克曼認爲「顯露內心情緒的表情」能夠提供最棒的線索，讓人了解對方是否正在說謊。

「其中一項便是找出不一致的地方——表情在這一點所提供給你的線索和言語所提供的不太一樣。假如我跟你說，『我不會介意你所做的批評，因爲很受用』，然而同時間我抿起嘴唇，顯露出生氣的徵兆，與我說的話互不相符。我正試著隱藏我的怒氣。大部分的人從未領悟過這般微妙、確實的徵兆。假如我說『你做了件很棒的事情』，然後開懷大笑，但是我的眼皮眨都沒眨一下──這就不是眞的在笑，只是一種形式上的微笑，意思就是我說的話並非出自我的本意。」

要假裝這些表示情緒的臉部表情，眞的非常困難。「我們可以裝出情感的徵兆，」艾克曼說，「但我們就是無法有效控制臉上的主肌肉群。」不對稱的表情是說謊的另一個線索；在扭曲的臉部表情上，一邊的臉部動作比另外半邊還來的強烈，這就表示說你不想讓別人感受到你所顯露出的感覺。

身兼電視魔術師和催眠師的戴倫．布朗，以他對人類的了解，成功發展出他的事業，他常常利用言語和視覺上不可思議的催眠暗示能力，來影響和操控人們的思想和行爲；他能夠辨認人們在說謊和說實話時，不同行爲模式間的差異，而他在節目中也親身示範這樣的能力。

舉例來說，他會請路人提供他一些相關資訊，有些是眞的資訊，有些是假的，接著他會以驚人的準確度辨認出謊言。在偶然的機會中，他請求一位二手車業務員安靜的去想五件事情，這五件事情她可以拿來描述一部停在前院的車子，有四件是眞的，一件是假的。當她依次考慮每件事情時，布朗都在專心的注視著她的表情，因爲單從她的表情，他就可以正確辨識出哪一個才是假的念頭。

有次我和作家同時也是廣播員的馬丁・普林默，一起去拜訪布朗，針對他的能力作測試。在我專注的凝視下，布朗問了普林默幾個一般的問題，接著請他回想第一隻寵物，之後再請他提供五個不同的名字，其中只有一個才是眞的。普林默緩慢且明確地唸出五個名字：「貝比、比利、布比、鮑伯和美麗。」布朗卻發現普林默在第三個暗示之後便開始從原本上升的語調轉變爲下降的語調，這就意味著他不再尋求回應。因此布朗便推論出普林默的第一隻寵物就叫做布比，結果他答對了。

另一個藏不住的訊息這可以在眼神中找到，他解釋說：

「我的方法就是去找出實話的模式，同時還找出破解的方式。打個比方説，假如我問你昨天晚餐吃了些什麼，當你在思考的時候，你的自然反應便是你的眼神會移到任何地方去；假如你試著想要記起某件事，多半你的眼神會往上或往左移。你眼球移動的方向其實主要和你使用的大腦部位有密切的關聯。

但假如我問你明天早餐想吃什麼或是你想要如何佈置你家——即使是還沒發生的事

情，你還是必須要建構出資訊——你必須使用不同的大腦部位，而你的雙眼將會相對應地移到不同的地方去。」

因此當對方要說（或想）實話的時候，布朗會觀察對方眼神的移動方向，如此當眼睛移動的模式改變時，他就可以辨認出謊言。

「有些人認爲眼睛移動到左邊表示你正在回憶一個影像，眼神移動到右邊，即意味你正在建構一個影像；那是廢話。假如人們正在回想任何資訊，他們的眼神有可能跑到某個方向去，而這確實會發生；假如你正談到未來或在說謊，他們就會表現出完全不同的模式。」

*　*　*

似乎我們所說和做的每件事，都會洩漏出我們的謊言和欺詐伎倆。而我們所需要的是認出這些徵兆的能力，很不幸的，這種能力大部分的人都沒有。

在蘭開郡中部大學，心理學家保羅・西格對他的揭謊能力進行測試。在臨床實驗中，他放了一卷人們接受面試的錄影帶，他要求其他參與實驗的人說說看他們認爲這些人是在說謊或在說實話，並且表示出他們對於所選答案的信心度。

西格的第一個結論是：人們都相信他們的直覺能力在揭穿謊言時很容易會處在最差的狀況。警察人員的職責便是要去評估人們的誠實度，因此他們會比其他任何人還要擔心在這些測試中的表現不佳。他們的準確率在45％到60％之間，平均是50％。事實上就和擲銅板沒有兩樣。有趣的是，人們在辨認眞話的表現通常都比辨識謊言還好；這當中所透露的原因，就是因爲我們有一種「實話傾向」，我們會想要去相信人們是誠實的。本測試的參與者大約花70％的時間證實人們說實話，相反的他們只在35％的案例中發現說謊者。

在舊金山大學的一項類似的研究則指出，每四百個人大約就有一個對於辨認謊言似乎特別的有才能，但把這樣的結果放在英國，在這些有天賦的少數人當中卻沒有半個是幹警察的。

其他的心理研究都得到一個結論，那就是許多專業的測謊者，如警察或入境管制人員，都會把人們身體語言的含意錯誤解讀或過度評估爲說謊的信號，他們卻不了解只有一種結合身體語言、談吐和臉部表情的複合式分析才能顯露出事情始末。

「人們讓刻板模式越來越氾濫，」西格說道：「他們認爲騙子都會緊張的徘徊，並且害怕與他人眼神交會，但這通常是錯誤的。研究顯示，因爲說謊在認知上是很困難的一件事，因此人們必須用心集中在他們即將要說的話，不。同樣的，靈敏、老練的騙子知道人們都期待騙子是焦慮不安、容易激動的，因此他們都特別努力讓自己保持冷靜，並且把持著自己的目光不和別人接觸。」

純真的眼神

英國漢敦警察學院講師史帝夫・薩維爾在自己的專責區域內花了多年時間，經常聽到各種謊言。任憑心理學家怎麼說，薩維爾依然對自己辨認犯罪性謊言的能力很有信心；「當你阻止某個有事情想隱瞞的人時，他就會馬上開始演戲；」他說，「那是馬上就可辨認出來的，你可以看到一種行爲模式；接著你就要用靈巧的質問方式讓他們露出狐狸尾巴。」

比方說，每當他懷疑某人提供給他的姓名和地址是假的，他就會直接問一些細節，如郵遞區號，接著再繼續問嫌犯的出生日期，甚至是星座，然後再突然問一次郵遞區號。「假如他突然停頓下來思考，那他的行爲就不一致了；這使得一個在街頭執勤警察很容易就可以辨識出這些細微的差異。」薩維爾說。

一旦薩維爾開始產生懷疑，接下來他便會跟著懷疑他或她是否犯了議論中的犯罪活動。「在我的經驗中，罪犯通常會出現相同的反應，他們會說：『看我純眞的眼神，那不是我。』他們一說這句話，你就知道他們在說謊。」

這是個有趣的理論，薩維爾想要讓警察、海關人員以及其他人員謊言辨識的水準增加到大約80%的準確度。「我們會讓他們通過測試，讓他們知道自己並沒有想像中的那麼棒，」他說，「這將讓他們不再去猜測人們在說謊或說實話的時候行爲和反應會是如何，接著我們就可以將他們訓練成更棒的測謊者。」

不過薩維爾認爲許多重大罪犯有可能在這個遊戲中佔有優勢。「假如這罪犯在他這行確實很行，他可能就會了解辨識謊言的方式，然後再找方法破解掉。我還是比較喜歡舊時代警察的辦法——以及罪證。有了證據才是最棒的。」

這看起來好像只有騙子才了解騙子。在一九九〇年代，測謊能力的測試還曾經實行在獄警和囚犯身上。結果囚犯毫不費力的就獲勝了。

＊　＊　＊

任職於理賠管理公司的特別調查小組的約翰．費里曼對自己揭發保險詐領者的能力深具信心。「調查顯示，有23%的人認識或曾經認識虛報保險理賠金的人；」他說，「有22%的人認為這並不會造成傷害，而16%的人則認為要被抓到很難。但我要在這裡告訴大家，那都是錯的。」

費里曼並不認為真的有非常在行的騙子，他相信一旦經詢問得知細節後，他們就會露出馬腳來：

「人們一開始還只撒些小謊，但接著當我們問更多問題時，就必須設計讓他們落入圈套。『你宣稱遺失的這支勞力士是在哪裡買的？』、『你遺失它的當時在做什麼？』我們繼續探查下去，直到最後發現他們沒辦法周密的想出各種說辭，謊言便掰不下去了；他們接著便會請求撤回他們的理賠申請。最後完全看保險公司是否要對這類案件提出告訴。」

勞力士金錶一向是保險不實索賠案件中最常見的品項，費里曼相信，假如聲稱在海灘上遺失勞力士錶的人確實真的把錶弄丟了，那這個海灘上的豪華名錶一定堆得跟山一樣高。

有些謊言很容易就可以識破。一名住戶因爲油漆潑灑在地毯上面造成損壞而提出索賠，這項申請提交之後過了幾個月，費里曼打電話給索賠者，並且安排去他家做一次訪問。當他到那邊的時候，赫然發現那張地毯上的油漆居然還是溼的！

其他不實索賠事件在眞相重現之前，都需要進行更廣泛、更鉅細靡遺的詢問過程。實際上，假如一位企業主放火燒了自己的工廠，然後聲稱當工廠遭祝融吞噬時自己正在渡假，接著在費里曼開始問他是透過誰預訂旅遊行程、飯店名稱，甚至當時旅遊地點的天氣如何時，整個謊言便全盤瓦解，眞相水落石出，那個老闆最終進了監獄。

英國保險業協會認爲，人們針對他們的住屋和車輛提出不實索賠，讓保險政策每週在這個行業上賠了二千萬英鎊。那眞是一大筆錢，還有——說不完的謊言！

科技

即使是在實驗性的情況下專心辨識謊言，我們還是很難在正常且毫無防備的生活中識破這些謊話。似乎大部分的騙徒都能隨時愚弄大部分的人。

不實保險理賠調查員都有足夠的技巧來做處置：聲音壓力分析儀接入電話線路後確認出通話者焦慮的徵兆，另外「光譜視頻比較儀」、「電子靜態文件分析儀」則有助於確定收據這類文件是何時遭到竄改的。此外，他們還必須依靠精明的訊問方式和敏銳的觀察力才行。

我們所需要的是連笨蛋都能輕鬆應付的機器；某種讓測謊變得一點也不困難的科技——測謊機，當它接收到謊言的時候便會響起警鈴聲。

測謊器測驗已存在很長一段時間。儘管這種方法在英國相當受到質疑，但它在美國的使用已相當廣泛且越來越頻繁。這種方法每年實行超過一百萬次；它也是私人企業，如麥當勞，最常用來檢測未來員工的方式。假如被告和檢調單位同意，有些州還會將它測試的結果送到法庭作呈堂證供；假如測謊器中顯示嫌犯說的是實話，在檢調單位同意撤銷告訴的情況下，被告的辯護律師便可順理成章讓被告脫罪。

將測謊器歸類爲能夠辨識謊言的機器，這是完全不正確的；測謊器無法也不可能辨識出謊言。這部機器主要是測量「自律性神經系統徵兆的激勵」，如呼吸頻率、脈搏、血壓和汗水等這些顯示人類是否產生情緒上刺激的生理變化。

測謊器只有在部分情緒受到激勵的情況下才能做出辨識，不能只有其中一種情緒。支持測謊器的人則認定，說謊的行爲關係到的「情緒激勵」遠比說實話還來的多；而大部分關於測謊器準確度的臨床測試結果是最不具確定性，且最不具關鍵性的。

戴倫．布朗的另一個表演項目便是讓他自己接受測謊器測試——並且完全矇騙它。他表示當中的秘訣便是去相信自己所說的話；「利用測謊器不會識別說謊行爲的特點來回答問題，這是十分輕而易舉的。」

測謊器成功的運用，主要還是仰賴人們在操作設備和詢問問題方面的靈巧和創意；爲了達到更有效率的目的，操作測謊器的人必須「啓動受測者情感的裝置」。打個比方說，假如受測者被控偷竊罪，同時被詢問是否有偷錢時，他可能會否認，並且打定主意把他的所作所爲當作是重新分配財富，或是一種正當手段。然而，假如質問者一開始先要求受測者同意「偷竊在本質上是錯誤的行爲」，接著再明確地詢問他是否在未經同意的情況下把錢從保險箱中偷走，於是要說出當下已截然成爲謊言的話，就變成情緒上非常困難的一件事。測謊器最後就可以從受測者所做出的情緒性回答中獲得訊息。

美國在犯罪案件中對於測謊機的使用則暴露出該儀器的優缺點。

在一九九六年於亞特蘭大市所舉辦的奧林匹克運動會上，擔任保安人員的理查・朱爾發現了一個裝有土製炸彈的背包；於是他跑去報警，同時協助疏散炸彈放置地點上的民眾。之後果然發生爆炸，總共奪走一條人命，並造成超過一百名民眾受傷。三天之後，一個當地報紙則宣布：「美國聯邦調查局懷疑保全英雄可能是設置炸藥的兇手。」朱爾頓時從英雄變成了罪犯。爲了證明自己是無辜的，朱爾同意接受測謊器測試。接受長達15個小時的訊問之後，美國聯邦調查局得到一個結論，那就是朱爾說的是實話，同時也洗刷他的嫌疑。這是個正確的判決，因爲幾年之後另外有人遭到逮捕，而且他也承認炸藥是他安置的。

不過在犯下殺人和強姦的羅傑・凱斯・柯曼一案中，測謊器則明顯暴露出其使用上的受限之處。在柯曼於一九九二年五月執行死刑的數小時前，他要求接受測謊，他始終拼命的否認所有針對他所做出的指控；柯曼最後沒辦法通過測謊，於是便依照預訂計畫執行死刑。不過相當令人感到懷疑的是，測謊器的操作人員是否眞的能夠區分柯曼面對即將到來的死刑所產生的情緒，與他在說謊時所可能感到的不安呢？

謊言激起的情緒以及無罪的辯解之間所產生的混亂，這在心理學界被稱爲「奧塞羅錯誤」。奧塞羅認爲特斯提夢娜被控告通姦時情緒表達出的不安是她罪行的表徵，而不是害怕被她惱怒的丈夫殺害——這是現實生活中任何人都可能會犯的錯誤，同時也或許是奧塞羅所犯下的，即便他可以爲特斯提夢娜安排一次測謊。

＊　＊　＊

其它的測謊技巧很快就會產生。

同時間在英國，曼徹斯特都會大學有一組團隊提供一個「沉默說話者」系統，該系統不但可以透過電子的方式解讀細微的臉部表情，還可以精準的確認出八成的說謊者。這部儀器正是結合了戴倫・布朗和保羅・艾克曼兩者的技術，全部都包含在一台小小的電腦裡。

讓嫌犯坐在螢幕前，並且問他一些問題，同時讓電腦分析他臉部肌肉、眼皮、眉毛和眼睛的細微動作。「沉默說話者」可以顯示出細微的手勢間的不協調和不一致的動作——也可以在偵測到謊話時發出警報。在「沉默說話者」系統領導研究人員的珍娜・羅斯威爾博士說：「約克郡開膛手在他的謊言被揭穿前曾接受過至少五次面談；我認為假如使用了『沉默說話者』的話，可能就不用那麼多次了。」

「沉默說話者」也許還可以找出一些信息，這些信息似乎可以證明我當初認為騙子不能以他們鼻子的長度辨識出來的想法是錯誤的。伊利諾大學的科學家們已經證實了人們一旦說謊，鼻子真的會變長。他們認為，鼻子之所以會細微的增長，是因為當我們說謊時心跳會加快，敏感的鼻部組織也會跟著增大；這其實也說明了為什麼當人們說謊時總會摸摸或搔自己的鼻子。很明顯的，比爾・柯林頓在陪審團前被詢問他與陸雯斯基的關係時，就的確反覆地摸了他的鼻子。

我們說謊心靈裡的那扇窗

假如「沉默說話者」只能辨識出八成的謊言，那麼另外兩成依然無法揭發出來，而且那些謊言有可能是最陰險的、由心腸最惡毒的騙子所撒的謊。或許我們可以從精神病理學家史恩・史賓斯的雪菲爾研究室中找出最根本的解決辦法；史賓斯博士使用了一種核磁共振掃描器來研究那些當我們說謊時會「變亮」的大腦部位；與誠實特別有關聯的大腦區域目前被證實是難以解釋的。

「我們已經找出拼圖圖案中的那一小塊。」史賓斯博士說。但是他可以想像他的研究曾經被警方或法院拿到刑事案件中重建眞相嗎？「我可以想像這項技術已被使用在高風險的狀況中、生死取決於審判結果的凶殺案等，或許是美國先採用，另外也或許可以解決主要的審判不公事件。」他認爲在這個技術發展妥善前還要再花個五年的時間，不過他也警告，在這個技術可以付諸實行前仍有一些道德上的問題需要解決。

在同一時間內，美國的科學家沒辦法再等候史賓斯博士了。賓夕法尼亞大學的一個團隊已經發展出「認知感應器」（Cognosensor），它是以紅外線通過頭蓋骨照射到大腦上；而反射線的型態則顯示出血流的變化。這項技術的研發團隊則解釋：這個感應器的運作的原理是，只要是當人一說謊，就會反射更多光線；而反射這些光線的區域也遠比說實話時來的寬廣。

一些美國法院已接受爭議性技術可以輔助案情，科技、心理學以及目前的神經學已能分析謊言以及說謊的騙子。是否所有黑色、白色和其他顏色的謊言都可以被辨別出，未來的世界不再有說謊這檔事呢？

然而，沒有謊言的世界會怎麼樣呢？

Chapter 10

謊言的辯解

◆ 沒有謊言，人類會因絕望和無趣而死去。

——安納托爾・法蘭斯

◆ 所有的謊言都是罪惡，但絕非致命的罪惡。

——聖奧古斯丁

謊言的辯解

謊言是生活中不可或缺的東西。
它們也應是如此，那才是所有可怕的生存特質中最重要的部分。

——尼采

我沒辦法否認這句話，我這輩子已不知道說了多少次的謊；我並不因此感到驕傲，但它並不會因此消失。這世界不斷的在變化，然而謊言眞的讓我成爲一個糟糕的人嗎？你的謊言讓你成爲一個很壞的人嗎？當然，這還是要看是哪種謊言，即便是它們肯定全是謊言沒錯。爲了仔細思考這最終的論點，我們必須要稍微離題，探訪一下老學究的小小空間。

《牛津簡明辭典》對於「說謊」一辭的解釋相當簡扼；在該辭典學富五車的編輯者看法中，說謊是「一種刻意表達出的虛僞陳述」。好吧，你可以說我吹毛求疵，但那似乎並不是相當正確的作法。威廉・莎士比亞曾說過「整個世界不過是個表演的舞台」，而大衛・貝克漢曾經宣稱他「高興得飛了起來」，難道我們就應該指控莎士比亞和貝克漢說謊嗎？

曾經深刻研究過說謊這門藝術的學者們都普遍支持一個定義，那就是「以欺瞞之意圖來傳達不實之言論」，這句話似乎比較貼切。

在莎士比亞和貝克漢對於隱喻的靈活運用下，他們的確已達到傳達不實言論之目的，但顯然他們也並非在欺騙他人；他們是試著想要強調事實。同樣的，一個患有精神分裂且告訴別人他是拿破崙的人顯然不是在說實話，不過他也不是在說謊，他也沒有試著要去欺騙別人。而一個患有「假性記憶症候群」的女人錯誤的宣稱她在童年時期曾受過性侵害，她也不是在說謊。不說實話未必會構成謊言。

然而所有的謊言都是不好的嗎？之前我們已經討論過了，有些謊言不只讓人接受，對於我們群體生活的潤滑確實也有必要的功效。有些謊言（我們接下來即將探討）則被某些人認爲是崇高且具正當性的；而我們也未曾想過，謊言還可以是有趣的，也沒有認眞思考過如果沒有謊言，我們的人生會變得怎麼樣。

▲為歡樂說謊

沒有謊言，人類會因絕望和無趣而死去。

——安納托爾・法蘭斯，諷刺作家和詩人

人生，即使並非眞的是「險惡、殘酷和短暫的」，卻一定還是有它晦暗的時刻。爲了分散注意力，我們往往會求助於捏造假象。《哈利波特》作者J・K・羅琳和《達文西密碼》作者丹・布朗在銷售上的驚人成就則意味著各年齡層的孩子們在夢想和逃避現實上永不滿足的慾望；小說的銷售遠勝過那些非小說類的書籍。也或許我們也可以在影集裡那些可愛調皮鬼的陪伴下得到慰藉，或者是跑到影視出租店租片、裝滿爆米花，然後讓可愛的史匹柏大導演帶領我們忘我的度過一、兩個小時時光。

在所有這類的活動中，我們都有點被騙了。這些小說、影集和電影雖然都是富想像力、迷人的作品，但終究還是謊言。是的，這些娛樂顯然被歸類於虛構故事，但它們卻也是「謊言」，而它們的描述者也使盡各種努力來讓我們暫時拋開懷疑，浸淫在謊言中，進而把它們誤認爲是眞實的。這似乎已經道盡了謊言該有的定義，我們的情緒反應——笑、哭或煩惱——皆意味著謊言已經達到目的了。

我們也會爲了讓別人對我們感興趣而說謊。

菲利浦．柯爾在《企鵝的謊言》（Penguin Book of Lies）當中提到：你只需要想像兩張桌子，一張坐滿了誠實的好人，如神學家奧古斯丁、作家羅納德．諾克斯、哲學家康德、英國哲學家大衛．休謨等；另外一桌則擠滿了騙子和故事敘事者，如《君王論》的馬基維利、情聖卡薩諾瓦、哲學家盧梭、法國英雄拿破崙、唯美主義者奧斯卡．王爾德和文壇巨擘厄尼斯特．海明威等人；在對謊言的娛樂性歌功頌德時，這兩張桌子哪一張才是你想坐的呢？

很有默契的是，一項美國的心理研究顯示，說謊最具說服力的青少年往往在社交上最爲熟練，同時在同儕中也最受歡迎。這項由麻州大學所完成的研究還得到一個結論，那就是少女說謊比少男更具說服力。

是的，說謊可以是充滿樂趣的；說謊可以令生活更多彩多姿。當然，這讓我想起有一年我們在一場謊言盛會中迷失自己。

一九五七年四月一日（愚人節），電視節目「全景圖像」播放了一個短片，內容所報導的是該年異常暖和的冬天導致瑞士南部義大利麵大豐收。節目主持人是備受景仰的媒體人理查・狄姆柏比，這個傢伙曾經讓全國第一時間獲得二戰法國諾曼地登陸日（D-Day）的報導。這個時候，正拍攝到一個瑞士家庭從義大利麵樹上拉出好幾捆義大利麵，並且拋到籃子裡的連續鏡頭，狄姆柏比告訴觀眾說：

「這次在瑞士的義大利麵豐收當然還未曾在任何類似大規模的義大利企業等產業中發生過。諸位觀眾，我敢保證，你們將會看到許多波河河谷義大利麵農場的影片。然而對瑞士來說，將不再只是一個家庭的慶祝活動。」

這個有趣的謊言愚弄了許多觀眾，甚至有人打電話到ＢＢＣ電視台去詢問種植義大利麵樹的方法；一名ＢＢＣ的發言人還告訴他們要將一小條義大利麵放在一罐蕃茄醬中，這樣就有可能會長得很好。

樂於受騙並非英國的專屬現象。一九九二年的四月一日美國國家公共廣播電台的節目「全國開講」毫無預警地宣佈前美國總統理查・尼克森將再度競選總統；他的新競選標語爲：「我沒有做錯任何事，而未來我也不會做。」隨著這項宣告之後便是一連串關於尼克森發表競選演說的聲音剪輯，而這是由一名演員裝出來的。

另一個發生在愚人節的整人玩笑就是《每日郵報》所提供的故事，這則故事是關於日本一位長跑者參加了倫敦馬拉松大賽，不過由於翻譯錯誤，他以爲必須要跑二十六天，而不是二十六英哩。讀者們受到鼓勵於是都想要攔截住他，提醒他搞錯了。

各種實際的玩笑都是以謊言和騙局爲基礎產生的，當然，也不是每個人都覺得那樣很好玩。當我過去在威爾斯的一家當地廣播電台工作時，有次我和一些同事決定想一個非常精密的惡作劇來作弄廣播員威恩・湯瑪斯，他一個禮拜只來公司一次錄製一段收場白。我們留給他便條，上面寫著一個牧師叫李昂的，希望能夠跟他聊聊關於他的下個節目。我們在便條紙上留了布里斯托動物園的電話號碼，同時將接下來的電話談話內容記錄下來：

布里斯托動物園：哈囉，這裡是布里斯托動物園。

威恩：您好，我想找李昂（C.Lion）牧師，謝謝。

布里斯托動物園（停頓很久以後）：先生，這裡是布里斯托動物園，我們這裡確實有海獅（Sea Lion發音與C. Lion一樣）。

威恩：不，不。我找的是李昂牧師。我是從「史旺西之聲」（Swansea Sound）打過來的，我是做節目收場白的。

布里斯托動物園：有人在開您玩笑啊，先生。這裡是布里斯托動物園，我們這裡只有海獅，沒有李昂牧師。

威恩：不，不。你不知道……

就這樣過了幾分鐘；當然，我們發現這真的很好笑，威恩完全不知道他已經被捉弄了，也不知道有人騙了他。他並沒有推斷發生了什麼事，他的反應完全出自人類本能，那就是去相信我們所聽的是實話。

在另一天早晨我的懷疑本能曾短暫地復甦起來；當時有個人跑到我家跟我說他被反鎖在他家屋外，他就住在這條街上，需要叫部計程車來帶他年老的父親到醫院去。我立刻把他請到屋內並讓他打通電話；但當他不想撥打電話而想要錢的時候，整個情況就很明朗了。我告訴他我家半毛錢都沒有，其實我們兩個都在說謊。

我們相信別人的能力在很多方面可能會導致我們偏離正道，有時我們會完全忘記怎麼去區別事實和虛構。

在一九二六年一月十六日，在清晨的廣播節目中，BBC電台播放了一個特別的節目叫做「廣播障礙」；它開始成爲一種學術授課節目，但是之後卻被一系列現場的訊息給打斷，而這些訊息則指出有暴民出現在特拉法加廣場，而瑟佛伊飯店著火了。大笨鐘被炸毀掉了，而某位政府官員絞死在街燈柱上。這些假報導還特別以音效作結尾，使一個擔心共產主義威脅的普通民眾相信它的眞實性，結果這些報導造成相當大的恐慌。一位聽眾打電話到海軍去，並要求軍艦能夠送到泰晤士河去發掘眞相。

過了十二年以後，美國發生了更大的騷動，因爲當時製作人歐爾森·威爾斯播放了他所製作過最著名的節目《不同世界的戰爭》：

「……我現在在紐約市廣播大樓的屋頂上向大家談話。你所聽到的這個鈴聲是在火星人逼近的時候，提醒人們從這個城市中撤離的。經過最後兩小時的評估之後，三百萬名民眾便疏散到前往北方的道路上……哈琴森河公園大道仍將開放給汽車行駛。不要走通往長島的橋……因為路面太擁擠了根本動彈不得。所有連接澤西海岸的通訊網絡十分鐘前便已關閉。不再有任何防禦措施了；我們的軍隊已經……被徹底消滅了……大砲、空軍，一切都被摧毀了。這可能會是最後一次播放。我們會在這裡陪大家直到最後……」

這是在一九三八年十月三十日星期天晚上，美國哥倫比亞廣播公司（CBS）的威爾斯以新聞快報和目擊報導來作介紹的廣播節目。沒想到，竟也因此打斷了一場音樂會。就如同ＢＢＣ節目所發生過的一樣，當時許多聽眾沒有聽到開場的預告，因而無法清楚的了解這只是個戲劇演出。《紐約時報》在隔天便做出下列報導：

「昨晚八點十五分至九點三十分間，當威爾斯奇幻作品的戲劇節目『不同世界的戰爭』導致成千上萬的聽眾誤信一場太陽系大戰隨著火星人的入侵、紐澤西和紐約的大規模死亡及毀滅事件展開，因而引起聽眾們產生一波怒不可遏的情緒爆發。

該廣播節目讓家家户户陷入混亂，宗教機構受到干擾、造成交通擁擠並且讓通訊網絡堵塞……至少有數十名成年人因為休克和情緒激動需要接受醫療。」

但甚至連關於民眾反應的新聞報導也惡化成謊言，有些報紙報導成千上萬的居民大規模外移、戲院內大家驚慌逃竄、大量的心臟病、甚至是自殺；這當中幾乎所有的事情都是完全胡說八道的，報社經營者杜撰這些事件主要也是因爲他們追求好的故事題材，同時也熱衷於搞垮那些入侵他們領土的廣播媒體。

穹空中的謊言

占星術是我們喜歡拿來搞混事實和虛構的另一種表現方式。事實上，大部分在報章雜誌上寫專欄的所謂占星師都不知道他們的天王星是接近垂直地在運行。我並不是想嚇各位，但我想在這裡讓大家有個底——那就是他們的占星術都是掰出來的！

有些人認爲他們的生命是星星和行星間的組合所支配的；還有更多人只因爲無聊的

想法就把整個事業收起來不幹，但卻依然每天檢視他們的星星，但這只是假設而已。假如占星說今天是個適合投資或進行浪漫冒險的日子，或許它說的沒錯。

眞相就是——沒有任何人知道我們的未來會有什麼新奇的東西等著我們——其實這眞相太過枯燥乏味。我們都會想讓生活多采多姿，而假如這需要我們進入沒有事實根據的領域中，我們也會這麼做。我們會將這種情緒上矛盾的態度延伸到半信半疑的事情上，像是鬼神、第六感、生長在尼斯湖裡的水怪、《每日運動報》，以及魔術表演。

專業表演者伊恩．羅蘭的專長領域在「心智魔術和精神導向的幻術」。當他在舞台上表演時他都會利用占星師、塔羅牌占卜師的技術，然後十分嚇人的一一細數出人們的生活細節。但是，他並不像他的同業那樣，他已經成功到不需做任何暗示就能讓人相信他有超能力。

「人們通常會因為我可以透過牌『看到』他們之前的人生而感到驚訝。他們無法了解，我只不過是對每個人做出相同的描述而已。我們其實比我們自己想像的還要平凡。譬如，我們大部分的人都曾經遭遇嚴重的災禍，又或者是知道誰遭遇過嚴重的變故，而我們許多人彼此的關係也曾經嚴重疏遠過……。」

他認爲自己像個讓人宣洩情緒的垃圾桶，遠勝過當一名巫師，他只是運用了一點心理學上的詭計並且仰賴人類的天性——也就是相信的本能。

善意的謊言

假如所有的謊言都是要達到欺騙的目的，那麼這些謊言是否有可能無罪開釋或是得到原諒呢？哲學家聖奧古斯丁並不這麼認爲。他由上而下，依照罪惡的順序，將謊言分類成八種——這八種其實都是上帝所禁止的。最糟的謊言就是所謂的「在宗教薰陶之下講出來的」，而最不嚴重的謊言則是「沒有對任何人造成傷害，並有助於他人免受身體的污穢所苦」。然而，在所有情況下，騙子簡直就是拿他永生的靈魂來冒險。

十三世紀的神學家湯瑪斯・亞奎納斯同意聖奧古斯丁所說的：**所有的謊言都是罪惡，但絕非致命的罪惡**。他將謊言分爲三個明確的種類：過度關心或有助益的謊言，目的是要防止他人受傷害；詼諧的謊言，是爲了帶來歡笑或戲弄的玩笑而說的；有惡意或惡作劇的謊言，目的就是要傷害別人。只有第三種，也就是帶有惡意的謊言，亞奎納斯相信這會無止盡的讓心靈陷入萬劫不復的地步。

因此我們應該將我們二十一世紀騙局和謊言歸類在哪一個類別中呢？在文學及通俗文化上的惡作劇和取悅的謊言顯然是「詼諧」的，因此罪惡的程度不高。顯然我們必須將詐欺和其他犯罪性的謊言歸納爲「最嚴重」的級別，同時將犯罪者打入水深火熱的地獄中。然而，娛樂圈的高層、政治人物、記者、房地產仲介和二手車業務員的謬誤和隱瞞眞相該歸到哪一類，這樣才能讓我們深刻的體認到自己其實也都會說自私的謊言呢？而這些較傾向於「惡意」的謊言足以讓我們全都下地獄嗎？肯定的是，我們絕不會認爲這些謊言很有趣。

但另一個普遍被認爲是騙子不用下地獄的免死金牌，即是將他們的謊言歸類爲有益、正直或崇高的謊言。但此處的困難點在於：幾乎沒有人能在這項界定上取得一致的意見，即便是像聖奧古斯丁這類的思想家，甚至任何相關的分類。

舉個例來說，爲了在戰爭中獲勝、爲了結束戰爭以拯救生命而撒的謊，這算得上正直良善嗎？當年同盟國傳遞假的登陸日、預定登陸地點以欺騙德軍，他們的理由正當嗎？我認爲這完全取決於你爲哪方而戰，或者以非戰鬥人員的角度來看，要取決於你認爲上帝和公理站在哪一邊。

爲了取悅他人而撒謊，這部分我們先姑且不提，有沒有可能會有任何騙人的伎倆是完全合理且用意良善的呢？有沒有謊言是不會傷害任何人的？甚至有沒有可能連最善意的謊言換到別人眼中，也會變成最惡毒的謊言呢？

一個醫生對病入膏肓的病患粉飾病情，以免病人產生不必要的焦慮，這樣的醫生又是怎樣的醫生呢？如果直接了當的告訴病人：「你已經到末期了，選讀的書可不要太長篇，你看不完的！」會是比較好的方法嗎？如果前一個方法本來是想幫病患做點好事，但等到病人知道實情後，則因爲自己沒有機會善加利用僅存的生命（或甚至看完一本小說）而感到生氣和遭到背叛，那麼這樣的方式是否一廂情願、事與願違呢？

英國海軍中校伊恩．里奇斯所領導的團隊曾經在二〇〇五年八月花了三天，拼命將一艘受困於太平洋海底漁網上的俄羅斯小型潛艇救出來；正當他們努力破網而入的同時，里奇斯中校向全球的記者表明自己有信心能拯救七位俄羅斯船員的生命，即便他們的供氧很快就要消耗殆盡。經過一番成功的救援行動後，里奇斯在令人動容的場面上終於還是承認：「我說了謊。」不過，爲了不讓俄羅斯船員的家屬們產生不必要的痛苦和不安，里奇斯決定鋌而走險，給這些家屬假的希望。

印度神話中的訖哩什那神曾指示印度人：「藉著說謊來拯救一個生命，此人必不受罪惡所害。」可是十八世紀的哲學家康德卻認爲這樣的作法在道德上是錯誤的。

康德相信說謊是「一種違背自己的良心的罪行，以及一種會眼睜睜讓一個人變得卑劣的卑鄙行徑」。他認爲，誠實是一種「神聖且擁有絕對天命的道理，其格局不受私心和利益所限」。

心理學家保羅・艾克曼則引領我們進入較不極端的領域中，他爲那些即將要撒謊卻不想不得善終的人，提供一些基本規則。他認爲撒謊者應該要站在那些待騙者立場，感受一下是否自己會感覺遭受背叛、傷害、被利用，又或者是否對此有所體會呢？若干年前，艾克曼博士曾接受癌症檢驗，不過他並不想告訴他的妻子此事；「我太太覺得我心事重重，我跟她說我沒有，一切無恙。這是個天大的謊言，但我又何必讓她跟著一起煩憂呢？後來當她發現一切的時候，她並沒有覺得自己遭到出賣，她明白我的動機——雖然她寧願我一開始就跟她說實話。」

但艾克曼認爲出自好意的騙子往往會產生後果不良的「滑坡效應」（Slippery Slope）：「他可能在外面有女人或有過一夜情，但卻對自己催眠說老婆並不想知道這件事情。他眞的敢肯定，或者是他眞的試著讓事情變得兩全其美呢？你一定要讓自己站在對方的立場去思考，在這些情況下他們會想被蒙在鼓裡嗎？」

艾克曼還補充一點，那就是當你爲外遇而編造謊言的時候，其中的代價可能是毀掉彼此信任的基礎。沒有人知道如何才能恢復信任，很多關係之所以會結束，不是因爲犯的過錯，而是爲了掩飾錯誤而撒的謊；「要跟一個你不信任的人一起生活是很困難的事情。」艾克曼說道。

就像我們前幾章所提過的，父母的謊言都有其必然之結果。我們都會用一些聖誕老人或小仙女的老掉牙方式來騙我們的孩子，說打針不會痛、花椰菜很好吃或我們就快要到目的地了；但令人擔憂的，卻是這些溫和且善意的謊言往往爲孩子們立下壞榜樣——誠實只是其中一項選擇，隨時可以依權宜之計來採用或屏除。就如同你們曾經說過一句讓孩子們陷入困惑的話：「你不能說謊，親愛的，否則泰迪熊就不跟你當朋友了。」

那麼在哪些情況下政治上的謊言才會爲人所接受，或甚至被認爲是充滿道德的呢？

柏拉圖認爲，一個「崇高的謊言」其目的是爲了保證社會更和諧。不過假設（說不定眞是這樣）英國首相爲了證明英國參戰的正當性，因而聲稱某中東國家獨裁者有能力在四十五分鐘內發射大規模毀滅性武器，藉此誇大該中東國家所造成的潛在威脅，那情況又會是如何呢？這位首相可能相信藉由這種小手段便可以帶來莫大的好處——不但西方國家於該國的商業利益可以因此復甦，對該中東國家的人民來說，被壓制許久的他們也可以重回民主的懷抱。這樣做眞的是對的嗎？基本上二〇〇五年英國大選結果顯示英國民眾支持這樣的做法。

一個沒有謊言的世界

科學家們曾經進行一項研究來證明人類大腦的某些部位，在說謊的過程中負責喚起對未來充滿預謀的各種憧憬。假如基因工程有辦法使我們抑制住大腦說謊的智能，讓我們無法說謊，那會發生什麼事？騙人的話、婉轉的話、誇大不實的話、模糊焦點的話、虛僞的話以及徹底的謊言——全都不存在，那情況會變成怎麼樣？

首先，司法制度會變成多餘的；我們將不再需要法官或陪審團來判決有罪或無罪，我們全都乖乖的走到警局，甚至，大部分的犯罪將不再發生。「誰願意花五英鎊來跟我購買這瓶貼著香奈兒五號商標，但只是帶有顏色的水呢？」「先生，我是奈及利亞的網路詐騙集團，我只想知道您是否願意無條件將大筆金額存入我的銀行帳戶。」

然而，還是有一種相當不利的因素存在著，那就是我們會失去謊言和騙局所帶來的消遣和歡樂。一個沒有文學、戲劇、喜劇和惡作劇的世界聽起來就不是很吸引人；假如我們必須在純粹的眞實中勉強度日，那是多麼的枯燥乏味。大家從此只能在充滿事實的電視節目中獲得完全眞實的資訊。

失去了這些珍貴、充滿謊言的社會互動工具，例如每天都會用得到的委婉謊言可以解除尷尬或難堪的處境、我們向他人奉上激勵的奉承及肯定可表達「無條件的主動關懷」，那麼後果會是如何？少了這樣的潤滑，這個社會就會產生摩擦且充滿憤怒。

我們可能會看到許多如威勒・蓋林這類的精神科醫師所稱的「眞相傾倒」——也就是一味的表現不必要的誠實，卻忽略這樣的行爲所帶來的危害。父母可能會對他們孩子的不當行爲毫無保留的坦白指正；因爲「無法令人相信它的存在」的理由，而把一個三歲孩子的木乃伊圖畫丟掉，醫師們可能會拙劣地將病痛的治療過程，以及康復的機會渺茫等殘酷的細節一五一十道來。結婚誓言可能必須重新考慮一下，看要不要把「我願意」換成「或許我會」；夫妻不再隱瞞他們的不貞，他們每晚都會坦率的指出對方討人厭的習慣；我認爲，婚外性行爲也將被更多的夫妻性行爲取代。

保羅・艾克曼看到了一個由循規蹈矩的成人——不論是同事或夫妻——所居住的未來世界，他們都懂得去控制情緒並且隱藏住那個只有三個月大的童心。這可不是他願意居住的世界。

一個沒有謊言的世界肯定會變成一場噩夢；我們可能完全不再對彼此說話，也有可能讓我們的生活永遠處在針鋒相對的狀態。心理學家達萊爾斯・賈拉辛斯基的看法是：「一個沒有謊言的世界會變得很冷酷。你變得非得向主人坦承湯很難喝才行。」

或許就如同王爾德曾說過的話一樣：「太過誠實，會讓一個人在交際場合中不受歡迎。」

每天少說一點謊言

之前花了九個章節來提醒大家注意這些潛伏在謊言邪惡叢林中的危險性，我現在反而有點擔心這會讓人誤以為謊言是個有趣的好東西，而實話卻是枯燥乏味、讓人覺得麻煩。假如你傾向於這樣的結論，那麼我建議你回頭重新再翻閱一次本書。

沒有任何方法能夠確定說謊的行為是否正在增加，但表面上看起來確實是如此。顯然關於謊言有太多的因素包含其中——特別是殘酷、工於心計和自私等不同的特質。身為人類，我們卻表現得猶如我們不再滿足於事實，我們發現事實不僅麻煩而且受限頗多。我們把政治人物、企業家、記者和其餘人等所說的謊言視為理所當然，同時當他們被揭穿的時候，我們也不再感到驚訝。的確，這些人鼓勵我們去相信說謊是可取的；我們之所以會說謊，這是因為我們認為別人也這麼做，而且我們也害怕一旦自己說了實話會讓自己蒙受損失。這正是謊言邪惡的一面。試著保持完全的誠實且信任他人來度過餘生的人一定看起來像個傻子（而且一定會被當成傻子看）。

我們之所以說謊是因為我們有能力說謊。社會心理學家馬丁・史金納博士告訴我們，我們說謊的能力是我們身為人類很重要的一個部分。聰明伶俐、精明幹練，能夠為我們帶來好處，可是我們說謊的能力卻不是上述當中不可或缺的要素。

假如我們能選擇適當的謊言，並且在說謊時更加謹慎小心，那我們或許就可以成為一個更好的人。假如現在一般人每天要說個五、六次謊，那我們就努力把它減到三、四次，同時也讓大部分的謊言充滿親切和詼諧等不同的特質。

也許開放個一天讓全天下的人說謊，我們可能會彼此學到有用且有趣的東西，我們也確實可以更加洞悉自己的撒謊本性——假如我們充滿活力的將它付諸實行。

也許你應該獨自去面對它，單方面向自己宣布一個沒有謊言的地帶。接著你要繼續保持下去，在家中或工作場所試試這樣的方法：**向每個人說出你心裡面真正的話，說出出自於你本意的話**。然而假如你因此惹上麻煩，拜託，不要怪我向你建議這樣的方法。

我會說，你在撒謊。

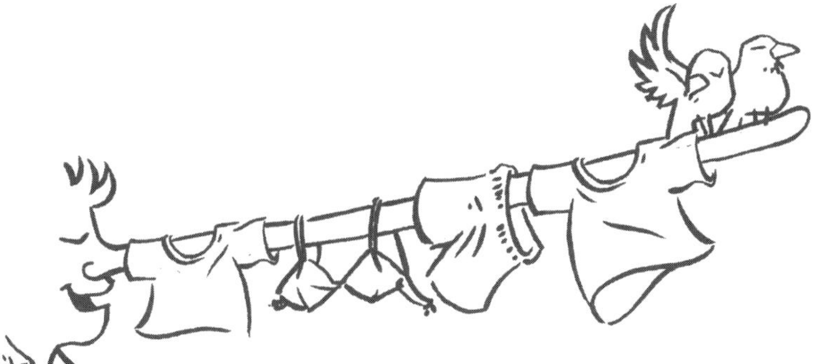

A 心理勵志

絕望痛苦的日子總會發光：
奇蹟諮商心理師中島輝的重生自傳

中島輝◎著／楊裴文◎譯／定價：300元

「因爲我經歷過，所以你心中的苦痛，我都了解。」
從小即飽受恐慌症、思覺失調症、躁鬱症、自殺未遂、背負巨額負債……等困擾的諮商心理師──中島輝，透過毀滅到重生的生命自傳，帶給你希望及溫暖的訊息！

重獲心生
塔姆辛．莫瑞◎著／高子梅◎譯／定價：300元

當沒有未來的男孩與活在完美雙胞胎哥哥陰影下的女孩相遇，如何經由彼此生命的交錯，重新改變自己的人生？而這顆心又會不會是他們愛與靈魂的居所……

我的兒子不是雨人：一位單親爸爸與自閉症男孩一起渡過的既冒險又溫暖動人的故事
約翰．威廉斯◎著／亞嘎◎譯／定價：290元

這是一本關於單親爸爸照顧患有自閉症與腦性痲痺兒子的書，關於家庭生活和意義，關於認識和接受彼此，而在這許許多多的故事裡，最棒的是關於愛！

多發性硬化症的心靈地圖
克里斯汀．多蘭◎著／李姿瑩、亞嘎◎譯／定價：380元

透過患病的父親描述學習如何與多發性硬化症共處及與初生女兒互動等的種種生活紀錄，透過豐富又鼓舞人的文字及動人的父女關係，將改變你看待你的身體、心靈和周圍世界的方式！

如何成爲幸福的癌症患者：
積極釐清病情、規劃罹癌生活並排定人生的優先順位

森山紀之◎著／劉愛夌◎譯／定價：280元

無論是初期癌友還是末期癌友，在發現癌症的那一刻，都有機會成爲「幸福的癌症患者」，讓森山醫生告訴你，罹癌後如何才能步上幸福之道！

一個人的美好日常小關卡：
讓自己每天充滿幹勁的 108 個秘密

上大岡留◎著／楊裴文◎譯／定價：270元

書中共有108個給自己練習的生活小關卡，這一些「門檻極低的小小挑戰」，每一個人都可以輕鬆達成，並能夠將每一個此刻導往更好的方向、帶來元氣及小確幸。重要的是，因爲是「很簡單的挑戰關卡」，所以就算失敗了也不會有什麼損失；而一旦成功時，就能馬上爲你帶來好心情。

勁草生活，好書推薦！

勁草叢書於1988年創立，是晨星出版社的代表書系之一，書籍類型包括心靈成長、實用心理學、社會趨勢、名人智慧、兩性親子等，是陪伴現代人心靈成長的雋永好書。
我們每個人都有自己的價值，只要透過學習，你也可以是一座無盡的寶藏，讓勁草生活與你一起成長、分享好書！

B 名人智慧

衝吧！你可以的：

瑪雅教你挖掘內在的潛能、改變自己的世界

瑪雅．佩恩◎著／吳湘湄◎譯／定價：280元

全世界最年輕的總裁瑪雅，不僅分享她的親身經歷，引導讀者追尋自己的熱情與夢想，並要告訴讀者如何將那股熱情和潛能化成行動，在這個世界裡找到自己的位置及改變世界的力量。專注在能讓自己了不起的事情上，你也可以成爲下一個瑪雅．佩恩。

迪奧的誕生：

揭開品牌創辦人克里斯汀 ． 迪奧打造時尚王國的傳奇故事

弗朗索瓦．奧利維爾．盧梭◎著／謝孟渝◎譯／定價：330元

克里斯汀．迪奧，享譽「新風貌」的盛名，但卻是在動盪不安的時代中，突破重重阻礙，家族破產、經歷親人離世的悲痛、在各地流連、四處暫借友人的房子，在戰火不斷洗禮中，催生出偉大的時裝作品。

愛因斯坦怎麼思考：

天才的腦袋想什麼？揭開瘋狂科學家壺裡的秘密！

丹尼爾．史密斯◎著／吳湘湄◎譯／定價：280元

對於瘋狂科學家——愛因斯坦，你對他的認識是否僅止於相對論、E=mc2等物理學說？或是一頭蓬頭亂髮，對著鏡頭大吐舌頭的俏皮形象？站在有別於以往的角度看愛因斯坦的價值觀、政治觀、愛情觀等，一起接受人類最偉大的思想家之一的啓發。

馬克吐溫的人生建言：

飲食、運動、美貌、時尚、投資、戀愛、健康與快樂

馬克．達維茲亞克◎著／吳湘湄◎譯／定價：270元

此書帶領我們走入馬克吐溫說的「舒服的人生之路」，即使那路徑會帶領我們穿過相當崎嶇的領域。但執著於路上的挑戰與困難更可能引發各種怪事，正如馬克吐溫警告我們的，你總會在人生的下一個轉角處遇到某個想要改造你、感化你、想奪走你生活的樂趣、讓你悲哀的人。

慈悲的憤怒

上田紀行◎著／江羿均◎譯／定價：230元

讓達賴喇嘛與日本知名文化人類學者上田紀行的精彩對談記錄帶領我們認清什麼是生命中最重要的事！這部作品記錄了這場兩個偉大心靈的精彩對話，爲我們開示生命的實相，以及看似稀鬆平常、實則深奧的日常智慧。

C 觀念趨勢

鍍金王國──印度：

穿越印度驚人的經濟成長、社會不公、政治裙帶關係與未來的眞實內幕

詹姆斯．考伯垂◎著／李天心◎譯／定價：450元

下個世紀將會是美國、中國和印度三強鼎立競爭的局面，在這三者中，印度仍在起步，也因此改變的潛力是最大的，今天，印度就站在如何定位自己成為一個超級強權的十字路口上！

下一站：印度

山下博司◎著／劉愛夌◎譯／定價：270元

印度古文明的薰陶以及英國殖民所帶給印度人的英語能力之外，印度的多樣性更是讓印度成為具有國際競爭力的國家的因素之一。不論你認為它是宗教大國、心靈修行聖地、寶萊塢、甚至是貧富差距很大的落後地區，你都不該忽視的是印度，正在崛起。

馬上了解中東與伊斯蘭世界

宮崎正勝◎著／楊裴文◎譯／定價：330元

作者從西元前一路談到目前常占據報紙頭版的「伊斯蘭國」，重新敘述整個中東歷史的脈絡，重新找回世界史當中遺失的拼圖。當中不只包括伊斯蘭文化的入門基礎知識，更加入圖解元素使讀者能迅速掌握關於中東的知識、幫助釐清概念。

第五波：現在，人類已進入創新社會

莊淇銘、莊錦華、莊雅惠◎著／定價：350元

人類知識社會變遷迅速，進入了知識社會，知識是最重要的產業並成為最關鍵的核心競爭力。由於「知識」乃經由「學習」而得，「學習」的良窳將影響「知識」的品質與競爭力。

網路連鎖效應：數位科技與現實生活間的網路心理學

瑪麗．艾肯◎著／楊豐懋、林怡汎◎譯／定價：380元

網路世界滲透到生活，將會帶領我們到什麼樣的未來？無法控制自己重複檢查新訊息、被讚數綁架的生活、網路遊戲沉迷、網路謠言、假新聞滿天飛！將眞實的自我隱藏在網路的障蔽之後，當起酸民，不負責任的言論、肉搜、霸凌樣樣來……甚至，你正悄悄走入暗網裡的犯罪溫床！

了解自我心理學 漫畫圖解版

YUUKI YUU◎監修 / 楊裴文◎譯 / 定價：320元

你眞的夠了解自己嗎？
讓心理學助你重新認識自己、喜歡自己！
精神科醫師YUUKI YU站在你的視角，設計了70種模擬情境，幫助你挖掘自己的不同面向、成爲更強大的自己。了解「自我內心」/改善人際關係/成爲戀愛勝利組，就從這本開始！

非試不可！實戰心理學大全：超級實用 180 招心理戰術大公開！

趣味心理學會◎著 / 劉愛夌、亞嘎◎譯 / 定價：400元

想要愛情事業兩得意嗎？
想要輕鬆打造好人緣嗎？
快跟著各領域「最內行、最專業的菁英」學習獨門祕技，你就能秒懂如何操縱人心！

阿德勒的幸福心理學：1 小時即能理解

中野明◎著 / 傅培剛◎譯 / 定價：290元

「人生的意義」是什麼？你的幸福有所謂的「正確答案」嗎？該怎麼做才能獲得幸福呢？
用1小時的時間，讓心理學巨人——阿德勒帶領你尋找幸福。

打不倒的勇氣：阿德勒教你戰勝生活的 8 大習慣

岩井俊憲◎著 / 蕭辰倢◎譯 / 定價：280元

書中統整阿德勒心理學5項基礎理論以及8大習慣，讓上班族可以循序漸進、輕鬆瞭解阿德勒心理學，並實際運用於日常生活之中，徹底掃除煩惱！

壓力效應：如何調整心智與大腦的互動，將壓力轉換成助力

伊安．羅伯森◎著 / 高梓侑◎譯 / 定價：300元

現代生活產生了許多壓力的來源，我們得面對不完整的社會、破碎的家庭、充滿壓力的工作及殘酷的競爭。本書提供我們許多處理情緒上的問題及擁抱壓力的珍貴建議，了解壓力確實會讓你更強大及更敏銳，是一本理論實務兼具並且十分受用的工具書！

享受寵愛、操控人心的心理法則

清田予紀、南幅俊輔◎著 / 楊裴文◎譯 / 定價：250元

生活在複雜社會當中的我們，每天都和不同的壓力搏鬥著，有時難免會沮喪、有時難免會傷心。貓咪們不只擁有可愛的外表，牠們其實也對抓住人心的技巧相當熟稔。從無憂無慮的貓咪身上學會「不受挫」的技術吧！

E 成功術

人性的弱點：卡內基教你贏得友誼並影響他人

戴爾．卡內基◎著／季子◎譯／定價：250元

閱讀《人性的弱點》，你便能輕鬆累積社交技巧，贏得更多人緣；找回自我價值，進而創造影響力，抓住人生囧途變坦途的機會！

抓住直覺讓創意變創業：將日常生活中靈感乍現的直覺點子，轉換成極具商業價值的實踐指南！

貝爾納黛特．吉娃◎著／亞嘎◎譯／定價：290元

你下一個改變世界的點子將從何而來？作者將告訴你如何利用自身直覺的力量，創造出整個世界引頸期盼的突破性想法。直覺不會告訴你地圖上的寶藏在哪裡，但直覺能給你最給力的線索，只要相信它並開始行動，你就在成功的路上！

超譯韓非子：領導者的經營聖經

許成準◎著／Mofu 茉芙◎譯／定價：270元

《韓非子》的箇中魅力，連始皇也瘋狂！利用《韓非子》透澈人心的精隨，一本在手，就能在新世紀商業戰場上受用無窮！透過古籍經典全新解讀，讓韓非子飛越時空，教授組織管理的超級密技！

老虎策略：讓你完美結合明確、力量、鬥志、專注與堅定的關鍵技能

洛薩．薩沃特◎著／李博研◎譯／定價：250元

當你的人生不如預期時，你可以有兩個選擇：將頭埋在地洞裡，或是磨利你的爪子、迎向挑戰！老虎策略即是讓你完美結合——明確、力量、鬥志、專注與堅定的關鍵技能，它將會助你實現願望，讓你獲得你應得的成功！

走向世界的菁英養成教室：國際觀入門的九堂課

福原正大◎著／蕭辰倢◎譯／定價：290元

這本書是獻給雖然被要求要有「國際觀」，卻不知該如何是好，感到非常茫然的大人、社會人士或是大學生的書籍。以全球最新人才教育的理論與技巧淬鍊出「全球通用力量」的各種知識。全球菁英的學習概念究竟如何異於常人？

丟掉窮思想，打造成功的自己

戴晨志◎著／定價：260元

每個人的人生，都是由自己做主。所以年輕時成績的好壞，不是決定一生是否有成就的關鍵；一個人的「態度」、「思維」、「毅力」與「堅持」才是影響人生最重要的因素。

人爲什麼會說謊呢？
又爲什麼會被謊言欺騙呢？
面不改色說著謊的人在想什麼？
某些「好謊言」還能增進人際關係？

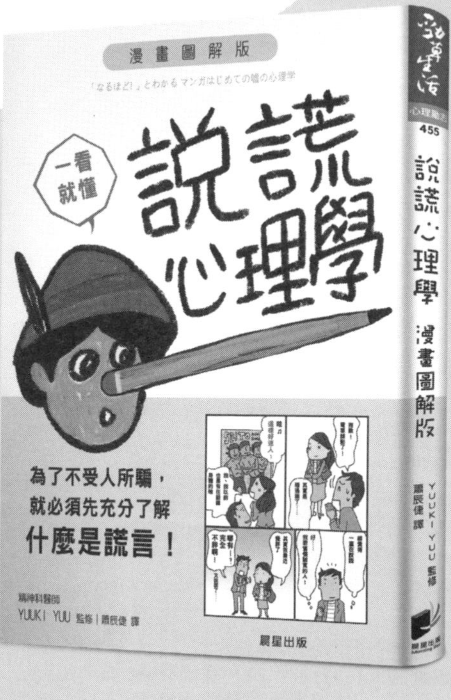

監修者：YUUKI YUU
繪者：SUGIYAMA EMIKO
譯者：蕭辰倢
售價：320元

\ 讓心理學助你看穿他人謊言 /

精神科醫師YUUKI YU因應各種狀況設計了66種模擬情境，不只讓你了解說謊是怎麼一回事，更讓你能輕鬆應付人際煩惱、讀懂他人的心！想靈活運用謊言，不被人所欺騙，就從這本開始！

國家圖書館出版品預行編目資料

爲什麼愛說謊 / 布萊恩・金恩（Brian King）著；賴震宇譯.
－－ 初版. －－ 臺中市：晨星，2019.08〔民108〕
面；　公分. －－（勁草叢書；466）
譯自：The lying ape : an honest guide to a world of deception
ISBN 978-986-443-913-3（平裝）
1.說謊　2.欺騙

177　　108011896

勁草叢書 466

為什麼愛說謊

作者　布萊恩・金恩
譯者　賴震宇
責任編輯　楊曉瑩
美術編輯　施敏樺
校稿　張惠凌、陳昭英

發行人　陳銘民
發行所　晨星出版有限公司
台中市407工業區30路1號
TEL：(04)23595820 FAX：(04)23597123
E-mail：service@morningstar.com.tw
http://www.morningstar.com.tw
行政院新聞局局版台業字第2500號
法律顧問　陳思成律師
初版　西元2008年05月30日
再版　西元2019年08月01日

總經銷　知己圖書股份有限公司
（台北公司）106台北市大安區辛亥路一段30號9樓
TEL：02-23672044 / 23672047　FAX：02-23635741
（台中公司）407台中市西屯區工業30路1號1樓
TEL：04-23595819　FAX：04-23595493
E-mail：service@morningstar.com.tw
網路書店 http://www.morningstar.com.tw

讀者專線　04-23595819 # 230
郵政劃撥　15060393（知己圖書股份有限公司）
印刷　上好印刷股份有限公司

定價350元
（缺頁或破損的書，請寄回更換）
ISBN 978-986-443-913-3
THE LYING APE: AN HONEST GUIDE TO A WORLD OF DECEPTION
by BRIAN KING

◆讀者回函卡◆

以下資料或許太過繁瑣，但卻是我們瞭解你的唯一途徑

誠摯期待能與你在下一本書中相逢，讓我們一起從閱讀中尋找樂趣吧！

姓名：＿＿＿＿＿＿＿＿ 性別：☐ 男 ☐ 女　生日：＿＿／＿＿／＿＿

職業：☐ 學生 ☐ 教師 ☐ 內勤職員 ☐ 家庭主婦 ☐ 軍警 ☐ 企業主管 ☐ 服務業

☐ 製造業 ☐ SOHO 族 ☐ 資訊業 ☐ 醫藥護理 ☐ 銷售業務 ☐ 其他＿＿＿＿＿

E-mail：＿＿＿＿＿＿＿＿＿＿ 聯絡電話：＿＿＿＿＿＿＿＿

聯絡地址：☐☐☐＿＿＿＿＿＿＿＿＿＿＿＿＿＿＿＿

購買書名：為什麼愛說謊

• 誘使你購買此書的原因？

☐ 於＿＿＿＿＿＿＿＿書店尋找新知時 ☐ 看＿＿＿＿＿＿＿＿報紙／雜誌時瞄到

☐＿＿＿＿＿＿＿＿電台 DJ 熱情推薦 ☐ 親朋好友拍胸脯保證 ☐ 受海報或文案吸引

☐ 電子報 ☐ 晨星勵志館部落格／粉絲頁 ☐ 看＿＿＿＿＿＿＿＿部落格版主推薦

☐ 其他編輯萬萬想不到的過程：＿＿＿＿＿＿＿＿＿＿＿＿

• 本書中最吸引你的是哪一篇文章或哪一段話呢？＿＿＿＿＿＿＿＿＿＿

• 你覺得本書在哪些規劃上還需要加強或是改進呢？

☐ 封面設計 ☐ 版面編排 ☐ 字體大小 ☐ 內容

☐ 文／譯筆 ☐ 其他＿＿＿＿＿＿＿＿＿＿＿＿＿＿

• 美好的事物、聲音或影像都很吸引人，但究竟是怎樣的書最能吸引你呢？

☐ 價格殺紅眼的書 ☐ 內容符合需求 ☐ 贈品大碗又滿意 ☐ 我誓死效忠此作者

☐ 晨星出版，必屬佳作！ ☐ 千里相逢，即是有緣 ☐ 其他原因＿＿＿＿＿＿＿＿

• 你與眾不同的閱讀品味，也請務必與我們分享：

☐ 心靈勵志 ☐ 未來趨勢 ☐ 成功故事 ☐ 自我成長 ☐ 宗教哲學 ☐ 正念禪修

☐ 財經企管 ☐ 社會議題 ☐ 人物傳記 ☐ 心理學 ☐ 美容保健 ☐ 親子教養

☐ 兩性關係 ☐ 史地 ☐ 休閒旅遊 ☐ 智慧格言 ☐ 其他＿＿＿＿＿＿＿＿

• 你最常到哪個通路購買書籍呢？ ☐ 博客來 ☐ 誠品 ☐ 金石堂 ☐ 其他＿＿＿＿＿

• 你最近想看哪一位作者的書籍作品？＿＿＿＿＿＿＿＿＿＿＿＿

• 請推薦幾個你最常看的部落格或網站？＿＿＿＿＿＿＿＿＿＿＿＿

以上問題想必耗去你不少心力，為免這份心血白費

請務必將此回函郵寄回本社，或傳真至（04）2359-7123，感謝！

若行有餘力，也請不吝賜教，好讓我們可以出版更多更好的書！

• 其他意見：

晨星出版有限公司 編輯群，感謝你！

請填妥後對折裝訂，貼妥郵票後寄出即可

郵票

407
台中市工業區 30 路 1 號
晨星出版有限公司
勁草組

請沿虛線摺下裝訂，謝謝！

更方便的購書方式：

(1) 網站：http://www.morningstar.com.tw
(2) 郵政劃撥　帳號：15060393
　　戶名：知己圖書股份有限公司
　請於通信欄中註明欲購買之書名及數量
(3) 電話訂購：如為大量團購可直接撥客服專線洽詢

也可至網站上填線上回函

◎ 如需詳細書目可上網查詢或來電索取。
◎ 客服專線：04-23595819#230　傳真：04-23597123
◎ 客戶信箱：service@morningstar.com.tw